Märtyrer
Der sicherste Weg zur Heiligkeit

Manfred Becker-Huberti und Konrad Beikircher

Märtyrer

Der sicherste Weg zur Heiligkeit

J.P. Bachem Verlag

Titelabbildung: Pablo Simon. Gezeigt wird die Skulptur San Sebastian, liegend, in römischer Kirche.

Bildnachweis

Die Abbildungen im Innenteil des Buches sind Stahlstiche der Düsseldorfer Nazarener, Künstler des 19. Jahrhunderts, die einen neuen religiösen Stil kreieren wollten. Sie veröffentlichten ihre Stiche zwischen 1842 und 1943 im Verein zur Verbreitung religiöser Bilder in Düsseldorf. Alle abgebildeten Stiche stammen aus der Sammlung Becker-Huberti.

Bibliografische Information der Deutschen Nationalbibliothek
Die Deutsche Nationalbibliothek verzeichnet diese Publikation in der Deutschen Nationalbibliografie; detaillierte bibliografische Daten sind im Internet über http://dnb.dnb.de abrufbar.

1. Auflage 2014

Lektorat: Frauke Severit, Berlin
Einbandgestaltung: Petra Drumm, Köln
Innenlayout: Heike Unger, Berlin
Reproduktionen: Reprowerkstatt Wargalla GmbH, Köln
Druck: Grafisches Centrum Cuno, Calbe
Printed in Germany
ISBN 978-3-7616-2718-1 Buchausgabe
ISBN 978-3-7616-2805-8 EPUB

INHALT

VORWORT

Unsere Sprache kennt „sonderbare Heilige“. Das sind in erster Linie einige unserer aktuellen Mitmenschen. Vor allem und ursprünglich sind es aber wirkliche Heilige oder solche, die dafür gehalten werden (sollen oder wollen). Und zwar jene Heiligen, die mit Erzählungen verbunden sind, die die moderne Vernunft herausfordern, etwa weil sie mit ihrem abgeschlagenen Kopf noch etliche Zeit und Meter umhergelaufen sind; oder weil sie auf einem Rost liegend bei lebendigem Leib gegrillt wurden und ihren Quälgeist darauf aufmerksam machten, dass die eine Seite bereits fertig gegrillt sei und der Körper nun umgedreht werden müsse; oder weil sie sich aus einem hundsköpfigen Wesen in einen Menschen verwandeln usw.

Gemeint sind Märtyrer, also Menschen, die um ihres Glaubens Willen einen gewaltsamen Tod erlitten haben, weil sie sich, durch ihre Verfolger vor die Wahl gestellt, Glaubensabfall und Leben oder Martyrium und Tod, für ihren Glauben entschieden haben.

Wer alte Heiligenlegenden liest, kann den Eindruck gewinnen, die Christinnen und Christen der ersten Jahrhunderte seien völlig verrückt oder unheilbare Psychopaten gewesen, geschlagen mit einer chronischen Martyriumssucht, mit einem manischen Todeswahn, offenbar unter Zwang stehend, um heidnische Götterbilder zu zerstören und sich selbst in provozierender Form den staatlichen Behörden zu stellen, um dann – geradezu wortwörtlich – todsicher zum Märtyrer zu werden. Man könnte meinen, das selbst gesuchte Martyrium sei seinerzeit so verbreitet gewesen, dass sich die Kirche gezwungen sah, diese Sucht als eine Pervertierung der ursprünglichen Idee des Martyriums zu verbieten.

Die enthusiastische Todessehnsucht, die Überzeugung von der Notwendigkeit des Leidens, das vorsätzliche Spiel mit dem Tod, das freudig erwartete Todesurteil, die verdrängte Hinrichtung – zeitgenössische Phänomene auf dem Weg zum Märtyrertod – garantierten die wirkliche Nachfolge Christi, die Heiligkeit und das Einssein mit Gott im Jenseits. Das Martyrium, so will es scheinen, war die garantierte via diretissima in den Himmel, wischte jede Sünde im Diesseits ab und gelang immer dann, wenn der jeweilige Akteur die Christenverfolger genügend zu blutigen Exzessen reizte.

Um nicht schon in den ersten Zeilen ein Missverständnis aufkommen zu lassen: Dieses Buch bestreitet weder die Historizität christlicher Märtyrer noch deren heldenhaftes Verhalten. Wer seinen Glauben bekennt und sich selbst durch die Bedrohung mit einem furchtbaren Tod nicht zum Leugnen bringen lässt, opfert seine Existenz für seinen Glauben. Das ist nicht klein zu reden.

Was aber in unserem Zusammenhang interessiert, ist die Frage: Stimmen die Märtyrerlegenden eigentlich? Sind die Märtyrer nach Christi Himmelfahrt bis zum Toleranzedikt unter Konstantin dem Großen (313), und um diese Märtyrer geht es in diesem Buch, wirklich freiwillig und unaufgefordert zu ihrem Henker gelaufen, um möglichst schnell hingerichtet und in den Himmel befördert zu werden? Und haben es ihnen die Märtyrer in späteren Jahrhunderten nachgemacht? Wie kommt es, dass das Martyrium um Christi Willen als via diretissima in den Himmel angesehen wurde? Ist all diesen Geschichten vielleicht ein Verhaltensmuster eigen, das von den Erwartungen späterer Jahrhunderte gespeist wird? In diesem Buch geht es also vor allem um die Frage: Was machen die Geschichten, die man über Märtyrer erzählt, aus den Heiligen? Welche Intentionen haben diese Geschichten?

Noch einmal: Es geht nicht darum, das Martyrium der Heiligen infrage zu stellen oder in irgendeiner Form zu disqualifizieren. Es geht aber darum, zu hinterfragen, wie die vielen Merkwürdigkeiten in den Heiligenlegenden entstehen konnten, die die Geschilderten in einer Form überhöhen, die kaum mehr nachzuvollziehen ist – in der Architektur aber seit dem Barock dazu führte, die Heiligen hoch auf Säulen zu stellen. Man muss zu ihnen physisch hochsehen, und sie sind uns qualitativ überlegen, eben überhöhte Vorbilder. Woher kommen die Christen späterer Jahrhunderte, wenn sich alle jungen Christinnen als Jungfrauen für das Himmelreich bewahrten und wenn alle ehrbaren Männer todesmutig ihren Richtern stur ihr Christsein entgegenhielten?

Diese erzählten Vorbilder prägen uns bis heute, auch wenn wir oft die Zusammenhänge nicht mehr erkennen. Wenn wir vom Löwenmut eines Menschen sprechen, beziehen wir uns auf jene Todesform, bei der Menschen im römischen Zirkus den Löwen vorgeworfen wurden. Angesichts eines solchen Todesurteils gehörte schier unglaublicher Mut dazu, den Ausweg, nämlich die Leugnung seines Glaubens, nicht zu wählen. „Blutvergießen" oder „Blutzoll" waren der Eintrittspreis für den Himmel: Es war ein Direktzugang, bei dem nicht mehr gefragt wurde, ob sündenmäßig nicht einige Eintrittshindernisse aus dem Vorleben bestünden. Die „Bluttaufe" wischte alle früheren Sünden hinweg. Wer für seinen Glauben sein Blut vergossen hatte, war blendend rein. Entsprechend wurden Märtyrer später in künstlerischen Darstellungen in strahlend weißen Gewändern gezeigt, die mindestens so weiß waren, wie sie „Klementine" in der Waschmittelwerbung für ihr Produkt einem geblendeten Publikum vorführte.

Dieses Buch fragt nach den Legenden von Märtyrern, der Art ihrer Darstellung und ihren Patronaten, also wogegen oder wofür sie angerufen wurden und manchmal noch werden. Es wird zeigen, dass die Ausmalungen von Martyrium und Sterben heiliger Personen mit frommer Absicht verknüpft waren. Und es wird zeigen, dass auch die Heiligen dem Zeitgeschmack unterworfen sind, weil sie gerade dann durch Legenden glänzen, wenn ihr Vorbild vonnöten ist.

Und wenn die geneigte Leserin oder der geneigte Leser glaubt, hier nur historische religiöse Erscheinungsformen vorzufinden, mag sie beziehungsweise er nur parallel in die trendigen Lifestyle-Magazine schauen, um zu erkennen, wie dort in der Gegenwart ähnliche Geschichten mit modernen Methoden wie Reportagen, Interviews und Paparazzi-Fotos entstehen. Der Mensch bleibt sich halt ähnlich – gestern, heute und sicher auch morgen.

Ihr
Manfred Becker-Huberti

Die Vierzehn Nothelfer

Ein bisschen Hintergrund muss einführend schon sein

„BLUT MUSS FLIESSEN", gröhlen Neonazis in einem gleichnamigen Film im Jahr 2012, den der Journalist Thomas Kuban über Jahre undercover in der Rechtsrock-Szene gedreht hat. Fließendes Blut ist das Erkennungszeichen des Sieges mit Gewalteinsatz über Menschen. Blut ist das Siegel der Gewalt, des Terrors, aber auch der Rechtsprechung, die noch die Todesstrafe kennt. Fließendes Blut ist auf der anderen Seite der „Blutzoll", der vom Unterlegenen gezahlt wird, wenn er seine Einstellung oder Aussagen im Extremfall mit seinem Leben bezahlt.

Blut ist ein uraltes Symbol. Dass Blut „ein besonderer Saft" ist, wusste nicht erst Johann Wolfgang von Goethe. Das Wissen darum, dass jemand, der sein Blut vergießt, stirbt, ist uralt. Dieses Miterleben des Verblutens ist der Hintergrund dafür, dass Blut als Sitz des Lebens und der Seele galt. Wo das Blut fehlt, fehlen auch Leben und Seele.

Das Phänomen des Sterbens als persönliches Opfer für einen höheren Wert war bereits vor dem Christentum bekannt. Der heroische Tod im Kampf galt in der Antike ebenso wie die Selbsttötung als ein nobler Tod. Tertullian erinnert die Christen zu Beginn des 3. Jahrhunderts zum Beispiel an die Selbsttötung der Lucretia „um der Keuschheit willen". Die jüdische Geschichte kennt die Selbsttötung in tyrannischen Zeiten: Die Makkabäer töteten sich selbst zur Zeit der Herrschaft des Antiochus, um nicht gegen das Religionsgesetz zu verstoßen.

Die christlichen Märtyrer beginnen eine neue Art des Martyriums: Sie ahmen Leiden und Sterben Christi nach, das heilige Opfer des Gottessohnes, und pflegen so die „Imitatio Christi". Dieses Martyrium als Nachahmung Christi, verbunden mit der sicheren Gewissheit des sofortigen Eintritts in den Himmel, war ansteckend, denn andere folgten dem Beispiel. Hierher stammt die Annahme früherer Geschichts- und Geschichtenschreiber von einer epidemischen Todessehnsucht der frühen Christen.

Wie in der Gegenwart muslimische Ultras beweisen, ist die Bereitschaft, für seinen Glauben zu sterben, nicht untergegangen. Im Gegensatz aber zu Menschen, die sich aus Fanatismus selbst in die Luft sprengen, um andere mit in den Tod zu reißen, und dann als „Märtyrer" bezeichnet werden, begründet sich das Martyrium von Christen auf andere Weise.

Im Römischen Reich entstand mit Julius Cäsar (44 v. Chr.) ein Gedanke, der später dann auch im Heiligen Römischen Reich Deutscher Nation gegolten hat: ein Reich, ein Kaiser, eine Religion beziehungsweise Gott. Seit Caesar bildet sich die Idee aus, die innere Einheit des Reiches müsse durch die religiöse Einheit dargestellt werden. Kaiser Claudius (41 – 54 n. Chr.) unterzeichnete seine Edikte: „Ego, Claudius, Imperator et Deus" – „Ich, Claudius, Kaiser und Gott". Im Römischen Reich hatte von nun an jeder den Kaiser nicht nur als weltliche Obrigkeit, sondern zugleich auch als göttliche Person anzuerkennen.

Für die überwältigende Zahl der Bewohner des römischen Weltreiches war das kein Problem. Sie verehrten nicht nur einen Gott, und wenn es einer mehr oder weniger war, machte ihnen das nichts aus. Es war sogar positiv: Man konnte keinen Gott übersehen und von ihm dafür gestraft werden.

Nur für die zahlenmäßig völlig unbedeutende Gruppe der Christen war das Verlangen des Staates ein echtes Problem und absolut inakzeptabel. Sie waren Monotheisten. Noch heute bekennen Christen in ihrem Credo „Ich glaube an den einen Gott, den Schöpfer des Himmels und der Erde …“ und damals wie heute bestimmen die Zehn Gebote: „Du sollst neben mir keine anderen Götter haben.“ Christen konnten und wollten den römischen Kaiser nicht als Gott anerkennen – und dafür mussten sie zahlen: letztlich mit ihrem Leben, das ihnen grausam genommen wurde.

Das Vorgehen gegen Menschen, die das Bekenntnis „Christianus sum“ – „Ich bin Christ“ ablegten, wird im 2. Jahrhundert im sogenannten Plinius-Trajan-Reskript geregelt, das bis zu den Verfolgungen unter Kaiser Decius (249 – 251 n. Chr.) um 250 bestehen blieb. Das Christenreskript Trajans wurde bereits unter Hadrian, im Jahr 124/125, in die kaiserlichen Mandate aufgenommen. Zwar galt nach dem trajanischen Prinzip (Kaiser Trajan, 98 – 117 n. Chr.) „conquirendi non sunt“ – „Gezieltes Aufspüren der Christen ist unzulässig“. Deshalb sind in dieser Zeit Christenverfolgungen sporadisch, örtlich und zeitlich begrenzt. Das Reskript erklärt aber auch das einheitliche Vorgehen gegen aufgefallene Christen, trotz der Unterschiedlichkeit im konkreten Verfahren. Auf das Bekenntnis „Christianus sum“ – „Ich bin Christ“ folgte einheitlich die Todesstrafe. Die Begründung: Hochverrat! Christen galten als unzuverlässige Untertanen, derer man sich durch ihre Beseitigung zu entledigen suchte. Nur ein toter Christ war so ein guter römischer Staatsbürger. Außerdem hatten Christen in dieser Zeit einen schlechten Ruf: Man warf ihnen rituelle Kindestötung vor, Kannibalismus, Inzest, Zauberei; sie wurden nächtlicher Verschwörung verdächtigt. Alles Missverständnisse, die sich begründeten auf abendliche Eucharistiefeiern, Eucharistieempfang, die Bezeichnung untereinander als Brüder und Schwestern …

Der älteste literarische Nachweis für Christen in Nordafrika ist ausgerechnet eine Märtyrerakte von Scillium aus dem Jahr 180. Prototypisch belegt sie den Ablauf eines Verfahrens, das mit der Hinrichtung der Christen endet. Mehrere einfache Leute, ein Kaufmann,

Hausfrauen, junge Frauen und junge Männer, werden denunziert, weil sie sich geweigert haben, dem Kaiser göttliche Ehren zu erweisen. Sie landen vor Gericht. Und der Richter ist kein Fanatiker, im Gegenteil, er versucht, die Angeklagten zu überzeugen: „Bitte, opfert jetzt dem Kaiser, legt einen Eid auf die göttliche Natur des Kaisers ab, und dann seid ihr sofort frei." Die Christen erklärten, sie könnten dies nicht machen, und baten um die Gelegenheit, ihren Standpunkt zu erläutern. Der Richter lehnte ab: „Bitte gebt dem Kaiser, was ihm zukommt." Der Kaufmann antwortet: „Ich bin immer ehrlich gewesen. Ich habe nie jemanden betrogen. Ich habe immer die Steuern bezahlt, ich bin ein treuer Untertan. Aber, was Sie jetzt von mir fordern, dass ich von meinem Glauben abfalle, dass ich meinen Gott verleugne, das kann ich nicht tun." Der Richter befragt die Übrigen und erhält Antworten wie: „Ich bin Christin, und Christin will ich bleiben." – „Ich gebe dem Kaiser, was dem Kaiser zukommt, aber Gott, was Gott zukommt." Der Richter sucht noch immer den Ausgleich und erklärt: „Nun, ich gebe Euch noch dreißig Tage Bedenkzeit. Überlegt: Ihr setzt Euch dem Tode aus." Aber die angeklagten Christen antworten: „Nein, in so einer wichtigen Sache brauchen wir keine langen Überlegungen. Wir können schon heute sagen: Wir bleiben Gott treu!" Darauf sagt der Richter: „Dann kann ich leider nicht mehr helfen." Er verkündet das Urteil, indem er jeden Angeklagten beim Namen nennt und hinzufügt: „Da Sie sich geweigert haben, dem Kaiser göttliche Ehren zu geben, verurteile ich Sie hiermit zum Tode durch Enthauptung." – Der Chronist fügte an: Die Verurteilten wurden sofort aus der Stadt hinausgeführt und enthauptet.

Warum verhalten sich diese Christen so stur und gehen nicht auf den angebotenen Kompromiss ein? Wäre dieser Kompromiss nicht akzeptabel angesichts der Alternative: der völligen Vernichtung? In der Apokalypse des Johannes (ca. 70 n. Chr.) verurteilt Gott die Teilnahme am Kaiserkult, um das Überleben sicherzustellen (2, 1-7), weil die Verehrung des Kaisers keine rein äußerliche Sache ist, die das Wesen des Christentums nicht trifft. Die Botschaft lautet kompromisslos und eindeutig: Wer ohne Kompromisse sein Christsein auch unter Christenfeinden lebt, wer alles verliert, auch sein Leben, der wird dennoch – in einem transzendenten Sinne – siegen. Sein Sieg besteht in der Aufnahme in das Paradies und der Teilnahme am ewigen Leben. Dieser Sieg ist durch nichts zu überhöhen und rechtfertigt das Ausharren (1, 9) in dieser Welt und ihren Bedrängnissen.

Es mag vielleicht erstaunen, aber die Argumentationsstruktur der frühen Christen, nach der sie wohlgemeinte Kompromissvorschläge, die ihr Überleben gesichert hätten, lieber ablehnten, als ihren Glauben zu relativieren, stammte aus dem Heidentum, der griechischen Philosophie. Platons (428/427 – 348/347 v. Chr.) Apologie des Sokrates (469 – 399 v. Chr.) liefert die Vorlage. Platon berichtet, Sokrates sei wegen Asebie (Gottlosigkeit, Frevel gegen die Götter, Unfrömmigkeit) verurteilt und hingerichtet worden, obwohl er der gerechteste aller Zeitgenossen gewesen sei. Die Apologie des platonischen Sokrates' sucht rhetorisch die Gottlosigkeit der Richter, die Ungerechtigkeit des Urteils nachzuweisen und gleichzeitig die Vernünftigkeit des angeklagten Sokrates' vorzuführen, um die allgemeine Anerkennung der Werte so vorzutragen, dass sie der Leser anerkennen muss.

Grundlegend für die platonische Argumentation sind:

- Der Erwerb der Tugend ist allen anderen Gütern vorzuziehen. Primär muss der Mensch für seine Seele sorgen.
- Da diese Grundauffassung nicht mehrheitsfähig ist, ruft sie den Hass der Mitmenschen hervor.
- Mit dieser Auswirkung muss der Philosoph rechnen. Für ihn gilt das Gleiche wie für einen Soldaten: Im Kampf um Leben und

Tod darf er nicht den Befehl verweigern beziehungsweise den ihm vorgegebenen Weg verlassen.

- Im Wissen darum, dass es Gottes Wille ist, dass der Philosoph durch Hinrichtung stirbt, darf der Verurteilte gelassen bleiben und kann mit der Glückseligkeit rechnen, die ihn nach dem Tod erwartet.
- Aus dem Gehorsam gegenüber Gott und Gesetz resultieren die Furchtlosigkeit vor dem Tod und die Freiheit vor ungerechten Verhältnissen.
- Unbesorgt um den Ausgang des Prozesses, im Bewusstsein der Wahrheit der eigenen Sache, freiwillig und in Übereinstimmung mit Gottes Willen lässt der Philosoph seine Angelegenheit vor Gericht prüfen. Sich diesem Verfahren nicht auszusetzen, bedeutete, an der Wahrheit zu zweifeln.
- Konsequenterweise folgt dieser Argumentationsstruktur: Das Urteil des Gerichtes ergibt das Gegenteil der von der Anklage verfolgten Absicht. Der Tod des Philosophen schadet nicht ihm, sondern seinen Gegnern. Sie werden als ungerecht dastehen, wenn der Philosoph von späteren Generationen rehabilitiert wird.

Die Hauptargumente der platonischen Apologie lassen sich in vergleichbaren Konflikten topisch nutzen. Die vier Merkmale dieses Topos sind (nach Lothar Bornscheuer) in den Satz zu bringen: Obwohl Sokrates mit einem Todesurteil rechnen musste und Grund gehabt hätte, sich zu verbergen, begab er sich freiwillig vor Gericht, um eine Sache zu verteidigen, wegen der er ungerechterweise verurteilt und hingerichtet, später aber rehabilitiert wird.

Dieser Satz basiert auf der Grundthese, es gibt Pflichten, denen man sich entziehen darf, weil man sonst gesellschaftlich geächtet wird. Dieser Satz gilt zeitlos, weshalb eine Orientierung an ihm – und damit an Sokrates – unproblematisch war und ist. Und weil ein Topos mühelos assoziierbar und auf aktuelle Fälle leicht übertragbar ist, berufen sich auch die frühchristlichen Apologeten und Märtyrer auf ihn.

Vermittelt wird diese Argumentationsstruktur durch das Judentum. Prototypisch sind Berichte in den Makkabäerbüchern. Sie datieren in die Zeit nach Jasons hellenistischer Reform: Jerusalem war in Antiochia umbenannt worden; es ist die Zeit der Pogrome unter Antiochos IV. Epiphanes (175 – 164 v. Chr.), die den Aufstand der Makkabäer auslösen.

2 Makk 6, 10 wird von zwei Frauen berichtet, die ihre Söhne trotz des strikten Verbotes durch König Antiochos beschneiden ließen. Sie wurden mit ihren Kindern die Stadtmauern herabgestürzt. Die Einhaltung der Gesetze war den Frauen wichtiger als die Todesdrohung des Tyrannen. Sie handelten so, obwohl sie um die unvermeidlichen Folgen wussten.

Der greise Eleasar geht aus eigenem Entschluss zur Marter, 2 Makk 6, 18-31, damit er nicht durch die Heuchelei, vermeintlich Schweinefleisch zu essen, der Jugend ein schlechtes Beispiel gibt: Die Bibel legt die Argumente des Schriftgelehrten offen: „Wenn ich jetzt heucheln würde, um eine geringe, kurze Zeit länger zu leben, würde ich sie irreleiten, meinem Alter aber Schimpf und Schande bringen. Vielleicht könnte ich mich für den Augenblick der Bestrafung durch die Menschen entziehen; doch nie, weder lebendig noch tot, werde ich den Händen des Allherrschers entfliehen. Darum will ich jetzt wie ein Mann sterben und mich so meines Alters würdig zeigen. Der Jugend aber hinterlasse ich ein leuchtendes Beispiel, wie man mutig und mit Haltung für die ehrwürdigen und heiligen Gesetze eines schönen Todes stirbt." Nach diesen Worten ging er geradewegs zur Folterbank. Und während man ihn zu Tode prügelte, sagte er stöhnend: „Der Herr mit seiner heiligen Erkenntnis weiß, dass ich dem Tod hätte entrinnen können. Mein Körper leidet qualvoll unter den Schlägen, meine Seele aber erträgt sie mit Freuden, weil ich ihn fürchte."

2 Makk 6, 18-31; 7, 1-41 wird über das Martyrium der sieben Makkabäischen Brüder und ihrer Mutter berichtet. Sieben Brüder mit ihrer Mutter sollten gezwungen werden, Schweinefleisch zu essen, und sie wurden darum mit Geißeln und Riemen ausgepeitscht. Doch die Brüder sagten nur: „Eher sterben wir, als dass wir die Gesetze unserer Väter übertreten." König Antiochos, der Tyrann, der die Juden zwingen wollte, ihre Gesetze zu brechen, wurde zornig und befahl, Pfannen und Kessel heiß zu machen. Er ließ dem Sprecher der Brüder die Zunge abschneiden, die Kopfhaut abziehen und Nase, Ohren und Füße stückweise abhacken. Die anderen Brüder und die Mutter mussten zuschauen. Den grässlich Verstümmelten, der noch atmete, ließ er in der Pfanne braten. Während sich der Dunst aus der Pfanne nach allen Seiten verbreitete, sprachen die Brüder und ihre Mutter einander Mut zu, in edler Haltung zu sterben.

Als der erste der Brüder auf diese Weise gestorben war, führten sie den zweiten zur Folterung. Sie zogen ihm die Kopfhaut samt den Haaren ab. Er wurde genauso wie der erste gefoltert. Als er in den letzten Zügen lag, sagte er: „Du Unmensch! Du nimmst uns dieses Leben; aber der König der Welt wird uns zu einem neuen, ewigen Leben auferwecken, weil wir für seine Gesetze gestorben sind." Nach ihm folterten sie den dritten. Als sie seine Zunge forderten, streckte er sie sofort heraus und hielt mutig die Hände hin. Dabei sagte er gefasst: „Vom Himmel habe ich sie bekommen und wegen seiner Gesetze achte ich nicht auf sie. Von ihm hoffe ich sie wiederzuerlangen." Sogar der König und seine Leute staunten über den Mut des jungen Mannes, dem die Schmerzen nichts bedeuteten. Als er tot war, quälten und misshandelten sie den vierten genauso. Dieser sagte, als er dem Ende nahe war: „Gott hat uns die Hoffnung gegeben, dass er uns wieder auferweckt. Darauf warten wir gern, wenn wir von Menschenhand sterben. Für dich aber gibt es keine Auferstehung zum Leben." Anschließend nahmen sie sich den fünften vor und misshandelten ihn. Der sah den

König an und sagte: „Du bist ein vergänglicher Mensch und doch hast du die Macht, unter den Menschen zu tun, was du willst. Aber glaub nicht, unser Volk sei von Gott verlassen. Mach nur so weiter! Du wirst seine gewaltige Kraft spüren, wenn er dich und deine Nachkommen züchtigt." Nach ihm holten sie den sechsten. Sterbend sagte er: „Lass dich nicht täuschen! Du wirst nichts ausrichten. Denn wir sind selbst schuld an unserem Leid, weil wir gegen unseren Gott gesündigt haben. Darum konnte so Unfassbares geschehen. Glaub aber ja nicht, dass du heil davonkommst; denn du hast es gewagt, mit Gott zu kämpfen."

Aber auch die Mutter war überaus bewundernswert. An einem einzigen Tag sah sie nacheinander ihre sieben Söhne sterben und ertrug es tapfer, weil sie dem Herrn vertraute. Nun war nur noch der Jüngste übrig. Auf ihn redete der König nicht nur mit guten Worten ein, sondern versprach ihm unter vielen Eiden, ihn reich und sehr glücklich zu machen, wenn er von der Lebensart seiner Väter abfalle; auch wolle er ihn zu seinem Freund machen und ihn mit hohen Staatsämtern betrauen. Als der Junge nicht darauf einging, rief der König die Mutter und redete ihr zu, sie solle dem Knaben doch raten, sich zu retten. Nach langem Zureden willigte sie ein, ihren Sohn zu überreden. Den grausamen Tyrannen verspottend, sagte sie ihrem Sohn: „Mein Sohn, hab Mitleid mit mir! Neun Monate habe ich dich in meinem Leib getragen, ich habe dich drei Jahre gestillt, dich ernährt, erzogen und für dich gesorgt, bis du nun so groß geworden bist. Ich bitte dich, mein Kind, schau dir den Himmel und die Erde an; sieh alles, was es da gibt, und erkenne: Gott hat das aus dem Nichts erschaffen und so entstehen auch die Menschen. Hab keine Angst vor diesem Henker, sei deiner Brüder würdig und nimm den Tod an! Dann werde ich dich zur Zeit der Gnade mit deinen Brüdern wiederbekommen." Kaum hatte sie aufgehört, sagte der Junge: „Auf wen wartet ihr? Dem Befehl des Königs gehorche ich nicht; ich höre auf den Befehl des Gesetzes, das unseren Vätern durch Mose gegeben wurde. Ich gebe wie meine Brüder Leib und Leben hin für die Gesetze unserer Väter und rufe zu Gott, er möge seinem Volk bald wieder gnädig sein; du aber sollst unter Qualen und Schlägen bekennen müssen, dass nur er Gott ist."

Da wurde der König zornig und verfuhr mit ihm noch schlimmer als mit den anderen – so sehr hatte ihn der Hohn verletzt. Also starb auch der jüngste. Zuletzt starb nach ihren Söhnen die Mutter.

Im apokryphen 4. Makkabäerbuch wird die Handlung noch zugespitzt. Nach dem Tod des vierten Bruders eilt der fünfte heran und ruft (11, 2f.): „Ich zögere nicht, Tyrann, mich der Folter um der Tugend willen zu unterwerfen; aus eigenem Entschluss bin ich gekommen, damit du, wenn du auch mich getötet hast, um noch mehr ungerechter Taten willen dem himmlischen Recht Genugtuung schuldest." Diese Darstellung akzentuiert das gottwidrige Vorgehen des Königs, dessen Bosheit durch den fünften Bruder deutlich herausgestellt wird. Der Vers 9 des einleitenden Teiles dieses außerbiblischen Buches zeigt die Intention des Autors auf: Über Eleazer und die sieben Brüder heißt es: „Denn indem diese der Schmerzen bis zum Tod allesamt nicht achteten, zeigten sie, dass die Vernunft über die Triebe Gewalt hat." Die Vernunft ist nach diesem Buch die Herrscherin über die Triebe. Die Treue zum Gesetz, der Erwerb der Tugend sind höher zu achten als alle Marterqual und jede Form von Todesstrafe.

Bemerkenswert an dieser Kette ähnlicher Verhaltensmuster ist, dass sich in vergleichbaren politischen, sozialen und geistigen Verhältnissen die gleiche Argumentationsstruktur in unabhängigen apologetischen Schriften heidnischen oder jüdischen Ursprungs findet. Gleichgültig, ob einer oder mehrere angeklagt sind, immer sind drei Konfliktparteien beteiligt: Ein Angeklagter wird mit Vorwürfen konfrontiert, die er nach sokratischem Muster zu entkräften sucht. Dem drohenden Todesurteil setzt er seine Bereitschaft zu sterben entgegen und deutet damit an, dass er dem Gesetz beziehungsweise der Gesellschaft nicht schaden will.

Die Makkabäischen Brüder, Prototypen christlichen Martyriums, wurden in der frühen Kirche als „vorchristliche" Märtyrer verehrt (Gregor von Nazianz, Johannes Chrysostomus, Ambrosius, Augustinus). Die Synagoge in Antiochien, in der ihr Grab verehrt wurde, wandelten die Christen im 4. Jahrhundert in eine Kirche um. Im 5. Jahrhundert wurde ihnen eine Basilika gebaut.

Nach dem vorgegebenen Strukturmuster entstehen zahllose Märtyrerlegenden. Während die handelnden Personen in der christlichen Antike bis zur Mailänder Vereinbarung (313) lebten, mit der das Christentum aus der Illegalität genommen wurde, entstanden ihre Legenden oft Hunderte von Jahren später. Den meist fiktiven heiligen Märtyrern wurden Legenden auf den Leib geschrieben, ihnen wurden Absichten, Ziele, Verhaltensweisen und Aussprüche zugeschrieben, die nie die ihren waren. Diese Legenden formten die Idee des christlichen Martyriums, sie ließen Gestalten von großer Prägekraft und Vorbildwirkung entstehen, an die sich Heilserwartungen knüpften und bis in die Gegenwart knüpfen. Die Legenden, die der Nachwelt Fakten, Emotionen und Argumente der Märtyrer lieferten, hatten eine solche suggestive Kraft, dass moderne Sehnsuchtsfilme nach der Art von Rosamunde Pilcher oder Utta Danella dagegen wie Filme aus der Überwachungskamera wirken.

Die nachfolgenden Legenden-Beispiele belegen eine mittelalterliche Blutsucht, Leidensfreude, Leibfeindlichkeit und Todessehnsucht, die jedoch nicht direkt ausgesprochen und als Theorie vertreten, sondern den antiken christlichen Glaubenshelden unterstellt wurden. Sie prägen bis in die Gegenwart.

DIE MÄRTYRER

St. Sebastian

20. Januar

Sebastian

Ein überzeugender Freund des Lebens nach dem Tod

Ob Sebastian wirklich so ein smarter Beau war, wie ihn die Künstler seit dem 15. Jahrhundert darzustellen beliebten, steht in den Sternen. Der erste Versuch seiner Hinrichtung, das Erschießen mit Pfeilen, bot jedoch der Kunst die legale Möglichkeit, einen (fast) nackten Mann zu präsentieren, war doch das Verbot einer Aktdarstellung durch das dargestellte Martyrium einer heiligen Person aufgehoben.

Aber nicht nur die Künstler haben aus einem Nichts an Wissen über Sebastian eine weltweit bekannte Ikone geschaffen. Auch andere haben sich geschickt dieser Figur bedient, wie zu zeigen sein wird. Das alles wäre nicht möglich gewesen, wenn sich nicht Legendenschreiber der dürftigen bekannten Fakten angenommen hätten, um daraus eine bombastische Biografie zu basteln. Aber der Reihe nach.

Der römische Heiligenkalender aus dem Jahr 354 führt für den 20. Januar den Gedenktag eines Märtyrers an, dem der Name Sebastian zugeordnet wird. Dessen Verehrung ist gesichert, denn sie lässt sich mit einem Grab in der später nach ihm benannten Katakombe S. Sebastiano lokalisieren. Vieles spricht dafür, dass dieses Grab aus der Zeit der Verfolgung unter Kaiser Diokletian (284 – 305) stammt.

Möglicherweise hat die Nachbarschaft dieses Grabes zu den zeitweiligen Verehrungsstätten für die Apostel Petrus und Paulus in dieser Katakombe Interesse an dem hier Bestatteten geweckt. Wenig ergiebig ist, was der heilige Ambrosius (339 – 397), Bischof von Mailand, berichtet: Sebastian sei aus Mailand nach Rom gekommen. Von seinem beruflichen Tun oder sonstigen Einzelheiten ist nicht die Rede. Anfang des 5. Jahrhunderts erfolgen Umbauarbeiten an Sebastians Grab, belegt durch eine ihm gewidmete Dedikationsschrift, die eine bessere Zugänglichkeit erlaubten.

Über dem Grab erhebt sich die Basilika San Sebastiano fuori le mura – Sankt Sebastian vor den Mauern – oder auch San Sebastiano alle Catacombe – Sankt Sebastian bei den Katakomben –, eine der sieben Pilgerkirchen von Rom. Die im 4. Jahrhundert unter Kaiser Konstantin (306 – 337) gebaute Kirche war bis in das 9. Jahrhundert als Basilica Apostolorum den heiligen Aposteln Petrus und Paulus geweiht.

Vielleicht steht das Interesse am Grab des Sebastian in Verbindung mit dem Entstehen der Legende Sebastians, was für die Mitte des 5. Jahrhunderts anzunehmen ist. Weil über Sebastian so gut wie nichts bekannt war, muss wohl der Name Sebastian Auslöser dafür gewesen sein, ihn zu einem kaiserlichen Offizier zu machen: Der griechische Vorname *Sebasteios* wird als *Sebastos*, dem Kaiser zugehörig, ausgelegt. Leben und Sterben dieses Sebastian werden in der Legende mit aus dem Heiligenkalender bekannten Personen verwoben, von denen man gleichfalls nichts wusste. Sebastian wird zum leuchtenden Held, der sie im Martyrium bestärkt, sie bekehrt oder heilt. Und noch besser: Die Legende gibt in Form von Dialogen Auskunft darüber, welche Motive für und gegen das Martyrium galten. Vor Augen halten muss man sich dabei, dass es die Motive späterer

SEBASTIAN WIRD ZUM LEUCHTENDEN HELD, DER SIE IM MARTYRIUM BESTÄRKT, SIE BEKEHRT ODER HEILT.

Jahrhunderte sind, die diesen Heiligen(-biografien) untergeschoben werden.

Der fromme Christ mit Namen Sebastian, aus Narbonne stammend und Bürger Mailands, sei unter den Kaisern Diokletian (284 – 305) und Maximian (Mitregent unter Diokletian, 286 – 305) sehr geschätzt worden und dadurch der Anführer der ersten Kohorte geworden. Damit wäre Sebastian Centurio jener Centurie gewesen, die doppelt so groß (162 Männer) wie andere Centurien und für das „Signum", das Feldzeichen", verantwortlich war. Den Soldatenrock habe Sebastian nur getragen, um „die Christen zu stärken, die er unter den Folterungen verzagen sah".

Da geschah es, dass die Zwillinge Marcellianus und Marcus, die zur Enthauptung verurteilt worden waren, Besuch von ihren Eltern bekamen, die sie von ihrem Entschluss zum Martyrium abbringen wollten. „So kam denn ihre Mutter mit aufgelösten Haaren und zerrissenem Gewand herbei, entblößte ihre Brust und sagte: ‚Meine allerliebsten Söhne, unerhörtes Elend und unerträgliche Trauer umfangen mich! Weh, ich Arme, ich verliere meine Söhne, die von sich aus den Tod wünschen. … Wahrlich, das ist eine neue Art zu sterben, bei der man den Henker sogar bittet, zuzuschlagen! Man wünscht sich das Leben, um es zu verlieren, man lädt den Tod ein, zu kommen!'" Der altersschwache Vater der beiden ließ sich von Sklaven in das Verließ seiner Söhne tragen, das Haupt mit Asche bedeckt. Er klagte laut: „‚Ich bin gekommen, um Abschied zu nehmen von meinen Söhnen, die freiwillig zum Tode gehen. … Meine Söhne, Stab meines Alters, zweifaches Licht meines Innern, warum liebt Ihr den Tod so sehr?'" Der Legendenautor erweitert nun die Szenerie um die Ehefrauen und

Da geschah es, dass die Zwillinge Marcellianus und Marcus, die zur Enthauptung verurteilt worden waren, Besuch von ihren Eltern bekamen, die sie von ihrem Entschluss zum Martyrium abbringen wollten.

Kinder der Delinquenten, die laut schreien: „‚Wem lasst ihr uns zurück? … Welch' eisernes Herz habt ihr, dass ihr eure Eltern verachtet, eure Freunde verschmäht, die Gattinnen verstoßt, eure Kinder verleugnet und euch freiwillig den Henkern ausliefert?'" Und genau an dieser Nahtstelle lässt der Legendenschreiber die beiden Inhaftierten „in ihrem Herzen weich werden".

In einem Drehbuch stünde nun: Einsatz des Helden. Und genau jener kommt in Gestalt des heiligen Sebastian. Sein Argument gegenüber den Todeskandidaten: „Ihr tapferen Soldaten Christi! Verzichtet doch nicht wegen erbärmlicher Schmeicheleien auf die ewige Krone!" Und gegen die Eltern gerichtet: „Habt keine Angst! Eure Söhne werden nicht von euch getrennt, sie gehen vielmehr in den Himmel, um euch strahlende Wohnungen zu bereiten." Es folgt eine sebastianische Abrechnung mit dem Leben: „Vom Anfang der Welt an hat dieses Leben die getäuscht, die ihre Hoffnung auf es setzen; es hat die betrogen, die auf es warten, und es hat die verspottet, die sich falsche Vorstellungen machten; es hat alle in solcher Ungewissheit gelassen, dass es sich allen gegenüber als Lügner erwies. … Die Verfolgung aber, die wir jetzt erleiden, flammt heute auf und ist morgen zu nichts geworden, sie brennt heute und ist morgen erloschen. … Die ewige Pein jedoch wütet immer wieder von neuem, brennt mehr und mehr und züchtigt mit immer neuer Glut. Spornen wir uns an in der Liebe zum Martyrium."

„HABT KEINE ANGST! EURE SÖHNE WERDEN NICHT VON EUCH GETRENNT, SIE GEHEN VIELMEHR IN DEN HIMMEL, UM EUCH STRAHLENDE WOHNUNGEN ZU BEREITEN."

Und genau an dieser Stelle „stieg plötzlich ein großes Licht vom Himmel nieder und umstrahlte ihn [= Sebastian] über eine Stunde lang, und man sah ihn mitten im Glanz, bekleidet mit schneeweißem Kleid und umgeben von sieben strahlenden Engeln". Während dieser Vision, die Sebastian schon als Heiligen vorführt, kommt – woher auch immer – ein Jüngling hervor, der ihm den Friedenskuss gibt und spricht: „Du wirst immer bei mir sein!"

Die stumme Frau des Nikostratus, Zoë, in dessen Haus die Zwillinge gefangen gehalten wurden, fiel Sebastian zu Füßen und bat ihn mit Zeichen um Gnade. Sebastian darauf: „Wenn ich Christi Diener bin, und wenn das, was diese Frau aus meinem Munde gehört und gläubig aufgenommen hat, wahr ist, so öffne der ihren Mund." Natürlich konnte die Frau nun wieder sprechen, worauf sich ihr Mann dem Sebastian zu Füßen warf, um Verzeihung bat, und die Zwillinge von ihren Fesseln befreite und sie bat, wegzugehen. Die „aber sagten, sie würden keinesfalls auf den Sieg verzichten, den sie bereits in den Händen gehabt hätten". Die Worte des Sebastian hatten aber nicht nur sie bestärkt, sondern auch ihren Vater Tranquillinus, ihre Mutter und viele andere, die umgehend getauft wurden. Nach der Taufe wurde der schwerkranke Vater der Zwillinge sofort gesund. Daraufhin bat auch der sehr kranke Präfekt von Rom, Chromatius, um Heilung, die Sebastian davon abhängig machte, dass dieser allen Götzen abschwören und alle Götzenbilder zerbrechen müsse. Er wollte das aber nicht in eigener Person tun, sondern ließ Sklaven diese Arbeit verrichten. Der Legendenschreiber lässt Sebastian kommentieren: „Furchtsame haben Angst, ihre eigenen Götter zu zerbrechen." Nachdem „mehr als zweihundert Götzenbilder vernichtet" waren – was muss Chromatius für einen weitläufigen Palast gehabt haben – genas der Kranke aber nicht. Sebastian kennt dafür zwei mögliche Gründe: 1. Der Präfekt hat seinen Unglauben noch nicht abgelegt oder irgendwo im Haus noch Götzenbilder versteckt. Dann kommt heraus, es gibt im Haus einen Raum mit Sternenbildern, die einmal mehr als zweihundert Pfund Gold gekostet haben, aus denen der Stadtpräfekt die Zukunft liest. Sebastian verlangt dennoch ihre Vernichtung, was den Sohn des Chro-

„Furchtsame haben Angst, ihre eigenen Götter zu zerbrechen."

matius, Tiburtius, veranlasste, einen Ofen anheizen zu lassen, in dem Sebastian sogleich verbrannt werden sollte, wenn sein Vater nicht genese. Nach der Vernichtung der Sternbilder erschien ein Engel, der die baldige Gesundheit des Stadtpräfekten ankündigte, aber sich von ihm nicht die Füße küssen ließ – weil jener die Taufe noch nicht empfangen hatte. „So wurden er, sein Sohn Tiburtius und vierzehnhundert Leute seines Hauses getauft" – ein wirklich beachtlicher Hofstaat.

Zwischenzeitlich war Zoë von Ungläubigen festgehalten und gequält worden und dann gestorben. Tranquillinus, der Zwillingsvater, der seine Söhne vom Martyrium hatte abhalten wollen, lässt der Textautor ausrufen: „Was leben wir noch? Die Frauen gehen uns im Martyrium voran!" Wenige Tage später wurde er gesteinigt. Tiburtius, vor die Wahl gestellt, den Göttern zu opfern oder zu sterben, entschied sich für den Tod und wurde geköpft, nachdem er zuvor unbeschadet über glühende Kohlen gelaufen war. Marcellianus und Marcus wurden mit Nägeln an einen Pfahl geheftet und mit Lanzen durchbohrt.

Sebstian aber wurde beim Kaiser denunziert, der befahl, ihn auf freiem Feld festzubinden und mit Pfeilen zu erschießen. In der Legende heißt es: „Da schossen sie so viele Pfeile auf ihn, dass er wie ein Igel erschien." Aber tot war er noch lange nicht. In wenigen Tagen von seinen Wunden geheilt, wirft er dem Kaiser das Böse vor, dass dieser den Christen antut. Der Kaiser lässt ihn darauf totprügeln und seinen Leichnam in die Kloake werfen. Die heilige Lucina erfuhr in einer Vision, wo sich der Leib Sebastians befand, und wurde angewiesen, ihn bei den Reliquien der Apostel zu bestatten. Und dies geschah, so die Legende, als Diokletian und Maximian im Jahre 287 gemeinsam ihre Herrschaft antraten.

> „DA SCHOSSEN SIE SO VIELE PFEILE AUF IHN, DASS ER WIE EIN IGEL ERSCHIEN." ABER TOT WAR ER NOCH LANGE NICHT.

Bleibt anzumerken: Gedenktag einer Zoë, allerdings mit anderer Biografie und anderen Lebensdaten († 127 oder 137 in Attalia), ist der 2. Mai. Tranquillinus wird am 6. Juli gedacht. Der Märtyrer Tiburtius hat am 11. August seinen Gedächtnistag, Marcus und Marcellianus am 17. oder 18. Juni. Das Gedächtnis einer stereotypischen Lucina, wohl Topos einer vornehmen Frau, die Märtyrer bestattet, wird am 11. Mai begangen.

Die Überreste eines anonymen Toten, – beigesetzt in der Nähe von Apostelgräbern, – bekommen einen Namen und eine ausufernde Legende. Er wird zu einem Superman unter den Märtyrern, ein Gigant an Überzeugungskraft, dessen Verehrung ab dem 5. Jahrhundert prosperiert. Die Dialoge der Legende präsentieren die den Märtyrern unterstellte Ideologie: Lebensverachtung und Todessehnsucht, Transzendenz statt Immanenz.

Nachdem eine Epedemie 680 in Rom nach einer Prozession mit den Reliquien des heiligen Sebastian abgeflaut ist, wird er als Schutzheiliger gegen Seuchen verehrt. Er wurde allein schon wegen der Pfeile in seiner Ikonografie zum Pestheiligen („anfliegende Krankheit"). Der Pfeil stand symbolisch für plötzlich auftretende Krankheiten und wurde vor allem im Zusammenhang mit der Pest gesehen, weil die Vorstellung bestand, die Pest werde von Pestengeln oder Pestdämonen durch geheimnisvolle Pfeile hervorgerufen. Im 15./16. Jahrhundert gesellte sich der heilige Rochus als zweiter Pestpatron dazu.

Der Pfeil stand symbolisch für plötzlich auftretende Krankheiten und wurde vor allem im Zusammenhang mit der Pest gesehen, weil die Vorstellung bestand, die Pest werde von Pestengeln oder Pestdämonen durch geheimnisvolle Pfeile hervorgerufen.

In weiten Bereichen des christlichen Abendlandes, vor allem aber in Italien, Deutschland und Frankreich, entstanden Sebastianus-Bruderschaften zur Pflege und Bestattung von Pestkranken, zur Aufrechterhaltung der öffentlichen Ordnung und zur „Gebetsabwehr" dieser und anderer Seuchen sowie zur Durchführung von Pestprozessionen.

Der Heilige wurde auch bei Verwundungen angerufen und gegen Viehseuchen, sodass er in einigen Gegenden (zum Beispiel Elsass und Oberpfalz) auch als Viehpatron verehrt wurde. Seine Rolle als bekenntnismutiger Offizier brachte es mit sich, dass die Kreuzritter und Zinngießer, vor allem aber die Schützengilden und Schützenkorps („Sebastianusbrüder"), Sebastian zum Patron wählten. Die ältesten Sebastianus-Bruderschaften sind für das Jahr 1300 für Brüssel, Randerath und Nettesheim belegt. In den Laudes der Kaiserkrönung wurde er zusammen mit den Heiligen Georg und Mauritius als „Heereshciliger" angerufen. Reliquien Sebastians – ein Oberarm schenkte Papst Innocenz IV. – befinden sich seit 1250 im Franziskaner-Kloster Hagenau/Elsass sowie angeblich im Kloster Ebersberg/Oberbayern. Das Haupt des heiligen Sebastian wird in einem Reliquiar aus dem 7. Jahrhundert in SS. Quattro Coronati in Rom aufbewahrt. In Rom, Echternach und andernorts zeigte man sogenannte Sebastianuspfeile, die angeblich vom Martyrium des Heiligen stammten. Nachbildungen davon trug man früher als Körperschmuck oder hing sie an seinen Rosenkranz als Schutzmittel gegen die Ansteckung mit Pest. In Ebersberg erwarben die Pilger zinnerne Sebastianuspfeilchen als Andenken und tranken aus der angeblichen Hirnschale des Heiligen gesegneten Wein. Anderswo trank man am Sebastianustag die „Sebastianusminne" und verschenkte geweihte „Sebastianusbrote".

Nachbildungen davon trug man früher als Körperschmuck oder hing sie an seinen Rosenkranz als Schutzmittel gegen die Ansteckung mit Pest.

Seit den 60er Jahren des vergangenen Jahrhunderts nahm die Popularität des Vornamens Sebastian zu. Seit den 1980er Jahren gehörte er zu den zehn häufigsten und 1984 war er der häufigste vergebene Vornamen.

Das „Lexikon für Theologie und Kirche" weiß: Die Nacktdarstellung des heiligen Sebastian „begründete in jüngster Zeit ein gewisses

Interesse Homosexueller für Sebastian, welche die HIV-Infektion ähnlich wie die Pest interpretieren".

Der Vorname Sebastian hat zahlreiche Varianten hervorgerufen. Bastian, Basti oder Bastl sind geläufige Kurzformen, Wast, Wastl bayrisch-österreichische Abwandlungen, Baschdl eine schwäbische, Sebbo, Sebi, Sebl, Sep, Bästeli, Baschi schweizerdeutsche Varianten. Bastien im Französischen kennt die weibliche Entsprechung Bastienne, während die Parallele im Deutschen, Sebastiana, recht selten ist. Bekannte Namensträger sind zum Beispiel der bayerische Priester und Hydrotherapeut Sebastian Kneipp (1821 – 1897) und der Komponist Johann Sebastian Bach (1685 – 1750). Aus dem Vornamen Sebastian entstand auch der entsprechende Familienname, wie zum Beispiel der Fußballspieler Tim Sebastian (*1984) oder der frühere Bischof von Speyer, Ludwig Sebastian (1862 – 1943) belegen.

Bastian, Basti oder Bastl sind geläufige Kurzformen, Wast, Wastl bayrisch-österreichische Abwandlungen, Baschdl eine schwäbische, Sebbo, Sebi, Sebl, Sep, Bästeli, Baschi schweizerdeutsche Varianten.

Und was lehrt uns nun das Ganze? Zum einen, wie man aus nahezu Nichts einen Kosmos an Heiligkeit und einen Triumphzug an Heiligen erschaffen kann. Und zum anderen, wie man diesen Heiligen eine Realität erschaffen konnte, in der die Vorstellungen von Leidenswillen, Todesmut und Todessehnsucht implementiert wurden, von denen man später ganz selbstverständlich annahm, sie seien die jener Märtyrer gewesen.

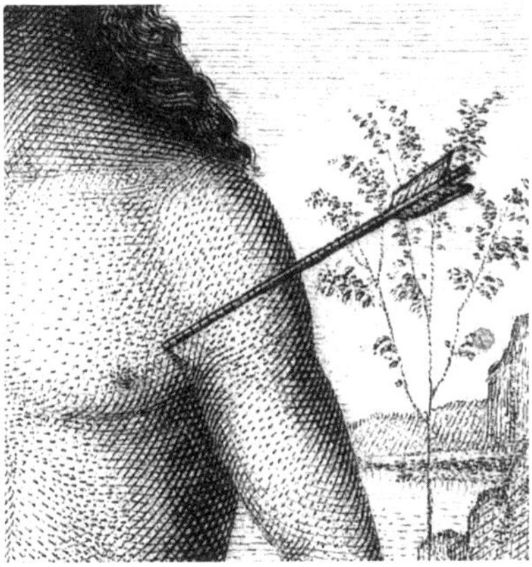

St. Blasius von Sebaste

3. Februar

Blasius von Sebaste

Ein Anti-Fischgräten-Heiliger, der auch blasen kann

In Sebaste (heute Sivas im Nordosten der Türkei), der damaligen Hauptstadt Armeniens, einer römischen Provinz, war Blasius Bischof. Sein Geburtsjahr ist unbekannt, sein Todesjahr in der Zeit von Kaiser Licinius (308 – 324) wird mit 316 angegeben. Er soll einer Christenverfolgung zum Opfer gefallen sein. Sein Name kann abgeleitet werden vom lateinischen *blaesus* = lispeln oder vom griechischen *basilios* = der Königliche, der auf den Namen des Christkönigs Getaufte. In der Westkirche gehört er zu den Vierzehn Nothelfern. Sein Gedenktag ist heute der 3. Februar; bis zum 11. Jahrhundert war es der 15. Februar.

Die ursprünglich in Griechisch abgefasste Vita Blasii beschreibt sein Leben und Sterben legendarisch stark überhöht. Zu Sebaste in Armenien – natürlich – von vornehmen Eltern geboren, war Blasius in allen christlichen Tugenden wie auch den Wissenschaften erzogen worden. Er wurde Arzt, lernte die Gebrechlichkeit menschlichen Lebens kennen und vergaß darüber nicht das ewige Leben. Auf allgemeines Verlangen wird er Bischof von Sebaste und zeigt „die sorgsamste Hirtenliebe für seine Schäflein". Als unter Kaiser Licinius eine Christenverfolgung ausbrach, entfloh er in die Einsamkeit einer Höhle, „umgeben von Löwen und Tigern" – wie Letztere ausgerechnet in diese Gegend kamen, bleibt im Dunkeln. Er wird entdeckt und in die Stadt zurückgebracht. Sein Martyrium wurde ihm vorausgesagt: „Schon in der vorhergehenden Nacht war ihm Christus erschienen und hatte ihm vorausgesagt, dass er sich auf das Opfer des Martyriums vorbereiten solle."

Die vier Kardinaltugenden: Klugheit, Weisheit, Tapferkeit und Mässigung; und drei göttliche Tugenden: Glaube, Hoffnung und Liebe. Die Repräsentation der Tugenden hat den sieben Damen leider nicht geholfen …

Und dann erwartete ihn das volle Programm der Marter, zumindest gilt das, wenn man den Verfassern der Legende Glauben schenkt. Blasius wurde an einer Säule aufgehängt und mit spitzen Eisen zerfleischt. Sieben christliche Frauen wollen das Blut des Märtyrers auffangen. Sieben? Da war doch was? Natürlich, es geht ja um die Tugenden und derer gibt es sieben. Die vier Kardinaltugenden: Klugheit, Weisheit, Tapferkeit und Mäßigung; und drei göttliche Tugenden: Glaube, Hoffnung und Liebe. Die Repräsentation der Tugenden hat den sieben Damen leider nicht geholfen, denn der blutdürstige Folterer ließ ihnen eiserne Panzer anlegen und dieselben zum Glühen bringen. Als das Feuer keine Wirkung zeigte – schon wieder ein Wunder! –, wurden die Frauen enthauptet.

Das nächste Wunder wartete schon. Blasius schmiss man ins Wasser, sicherlich nicht mit guter Absicht. Und siehe, Blasius stand auf dem Wasser wie auf einem Felsen unter Wasser. Nun denn, der Foltermeister griff zu einer sichereren Methode. Blasius wurde enthauptet.

Angeblich hat Blasius viele Wunder gewirkt. Das berühmteste ist das Folgende: Zu dem Heiligen in spe kam eine Mutter mit ihrem Kind, dem eine Fischgräte im Hals stecken geblieben war, was übrigens lehrt, dass gesunde Nahrung, eben Fisch in diesem Fall, durchaus problematisch sein kann. Nun sollte man meinen, dass ein ausgebildeter Arzt zu medizinischen Methoden greift oder zumindest ein Hausmittelchen von seiner Oma kennt, mit dem er helfen kann. Aber nein, Legendenverfasser können das nicht zulassen. Allein Frömmigkeit hilft auch in ausweglosen Situationen. „Der Heilige betete über das Kind“ heißt es. Und, schon wieder ein Wunder, auch das Gebet ist der Legende bekannt: „O Vater der Barmherzigkeit und Gott allen Trostes, lasse Dich bewegen durch die demüthigen Bitten deines Dieners und verleihe diesem Kinde die Gesundheit, auf daß jeder erkenne, daß Du allein seiest der Herr über Leben und Tod, und daß Du freigebig bist gegen diejenigen, die deinen heiligen Namen anrufen. Also bitte ich Dich, daß hinfür alle, die an einem Halsübel leiden und zu mir um Genesung flehen werden, die Gewährung ihrer Bitte erlangen.“ Kaum war dieses Gebet vollendet, da war auch das Kind gesund.

Allein Frömmigkeit hilft auch in ausweglosen Situationen. „Der Heilige betete über das Kind“ heisst es.

Um den im Laufe der Geschichte entstandenen Blasius-Segen zu erklären, heißt es lapidar: „Auf Geheiß des Heiligen musste die Mutter zwei Kerzen zur Ehre Gottes opfern, und daher schreibt sich der heilige Blasius-Segen.“ Es gibt eben auch in der Religion Methoden, das Angenehme mit dem Nützlichen zu verbinden.

Zerfleischt, ohne Erfolg ertränkt und schließlich enthauptet, zwischenzeitlich Wunder wirkend. Ein solcher Märtyrer musste Karriere machen. Im Osten ist er ab dem 6. Jahrhundert Viehpatron, wohl weil er unversehrt unter wilden Tieren gelebt hat, im Westen ab dem 9. Jahrhundert Patron der Ärzte und Wollweber, in Deutschland nach der Volksetymologie (blasen in Bezug zu Blasius) zusätzlich Patron der Windmüller, Nachwächter und der Blasmusikanten. Ab dem 14. Jahrhundert ist er einer der Vierzehn Nothelfer, hilfreich gegen Halsleiden, wilde Tiere und Stürme. Ein Blasius-Segen gegen Halskrankheiten wird (erst) seit dem 16. Jahrhundert bis in die Gegenwart erteilt.

Zerfleischt, ohne Erfolg ertränkt und schliesslich enthauptet, zwischenzeitlich Wunder wirkend. Ein solcher Märtyrer musste Karriere machen.

Beim Blasius-Segen werden zwei gekreuzte oder miteinander verwobene Kerzen verwendet, die gleichfalls auf die Vita Blasii zurückgehen, die ein Ereignis berichtet, das eine andere Legende überliefert: Eine arme Frau, der ein Wolf das ihr geraubte Schwein auf Befehl des Blasius unversehrt zurückgebracht hatte, brachte ihm Kopf und Füße des Schweins mit Früchten und einer Kerze ins Gefängnis. Er segnete die Kerze und erteilte der Frau den Auftrag, jedes Jahr zu seiner Erinnerung eine Kerze zu opfern. Hier griff der Heilige also – wirtschaftlich gesehen – noch erfolgreicher in den Kerzennachschub ein als bei der Fischgräte. Ein Schwein wiegt eben ganz anderes als so ein kleines Fischknöchelchen.

Er segnete die Kerze und erteilte der Frau den Auftrag, jedes Jahr zu seiner Erinnerung eine Kerze zu opfern.

Das Strukturschema des Martyriums bleibt trotz der Flucht des angehenden Märtyrers erhalten: Mutiges Bekenntnis zum Glauben, Ablehnung aller Vermittlungsangebote, heldenhaftes Ertragen aller

Marter, Erweis, dass die fremden Götter keine Gewalt haben, und Hilfeleistungen vor dem Tod an Dritte und über den Tod hinaus. Wie in vergleichbaren Fällen sind die Legendenverfasser in der Lage, die Gebete und Gedanken des Glaubenshelden wiederzugeben.

Seit 972 ruhen Kopf und einige andere Knochen (beide Arme, ein Bein und eine Halsreliquie) in Dubrovnik. Blasius ist bis heute populär und noch lange nicht arbeitslos geworden. Wer viel Fisch isst, der bleibt auf einen Anti-Gräten-Heiligen wie Blasius angewiesen.

St. Agatha

5. Februar

Agatha

Eine Heilige anstelle der noch nicht eingeführten Feuerversicherung

In den Hitlisten weiblicher Vornamen taucht sie in den letzten einhundert Jahren nicht auf. „Agatha“ ist also ziemlich out beziehungsweise kann deshalb wieder neu entdeckt werden.

Harter Tobak, den die Legende dieser Heiligen serviert. Weil sie dem römischen Statthalter nicht zu Gefallen war, sowohl an ihrer Jungfräulichkeit um des Himmelreiches willen als auch an ihrem Glauben festhielt, wurde sie für einen Monat in ein Bordell verschleppt. Genützt hat es dem Statthalter nichts. Agatha, so hieß die junge Dame aus vornehmer Familie aus Sizilien im 3. Jahrhundert, blieb standhaft. Der Statthalter aber war sauer. Seine Laune wurde auch dadurch nicht besser, dass Agatha ihm erklärte: „Wirf mich den wilden Tieren vor, durch den Namen Jesus will ich sie bändigen; wirf mich in das Feuer, der Tau des Himmels wird es löschen.“

Quintianus, so hieß der Statthalter, wechselte seine Methode und ließ Agatha grausam foltern, mit eisernen Haken und brennenden Fackeln. Agatha wurde auf glühende Kohlen, Glasscherben und spitze Nägel gelegt. Ihre Reaktion? Sie rief aus: „Christus ist mein Heil!“

Diese fromme Legende geniert sich, ein Detail der Folter zu nennen, das den späteren Malern der Heiligen und den Betrachtern dieser Bilder durchaus interessant erschien: Die Entfernung der Brüste. Die beiden abgeschnittenen Brüste – hübsch und gut sichtbar auf einem Tablett angerichtet – gehören neben den dazu verwendeten Zangen zu den ikonografischen Erkennungszeichen der heiligen Agatha. Nur so konnte man etwas malen und betrachten, was sonst zu malen und zu betrachten verboten war.

In der folgenden Nacht erschien ihr ein Greis, der Apostel Petrus, und sagte: „Liebe Tochter! Der Statthalter hat dir harte Pein verursacht; seine Wunden werden ewig bluten, die deinigen aber bin ich gekommen zu heilen. Ich bin ein Apostel Christi; in seinem Namen gebiete ich: sei geheilt!" Agatha war sofort vollkommen gesund.

„... ICH BIN EIN APOSTEL CHRISTI; IN SEINEM NAMEN GEBIETE ICH: SEI GEHEILT!"

Vier Tage später gingen Verhör und Marter weiter. Agatha starb, während ein Erdbeben die Stadt Catanea erschütterte und der Ätna furchtbare Lavaströme ausspie. Der Verfasser der Legende kennt sogar noch das letzte Gebet der Heiligen vor ihrem Tod: „O Herr, der Du mich erschaffen und behütet hast von meiner Kindheit an, und mir geholfen hast, in der Jugend standhaft zu bleiben, der Du von mir genommen hast die Liebe zur Welt, der Du meinen Leib bewahrt hast vor Befleckung, der Du mich überwinden machtest die Qualen des Peinigers und mir die Tugend der Geduld geschenkt hast, ich bitte Dich, dass Du meinen Geist jetzt zu Dir nimmst."

Eine kaum noch zu toppende tugend- und heldenhafte junge Frau, die aber nicht nur ihr Leben und Martyrium beispielhaft meisterte, sondern auch noch postmortal wirkt. Am Jahrestag ihres Todes spie der Ätna wieder solche Feuerströme aus, dass die Stadt Catanea dem Untergang geweiht schien. Die Menschen eilten zum Grab der

Heiligen, nahmen den Schleier, der den Leichnam bedeckte, und zogen mit ihm den Lavaströmen entgegen, die zum Stillstand kamen. Auch Brot, dass man auf den Leib der Heiligen legte, wurde zum Schutz gegen Feuer an fremde Orte versandt, das sagenhafte Agathabrot. In Deutschland entwickelte sich seit dem 16. Jahrhundert der Brauch, am Agathentag, dem 5. Februar, Brot, Wein, Wasser, Früchte und Kerzen zu weihen. Die Brote werden als Eulogie genutzt, also als nichtkonsekriertes Brot nach der Eucharistiefeier ausgeteilt, Sinnbild der Liebe und Einheit des Eucharistiesakramentes. In einigen Gegenden Deutschlands wurden am 5. Februar Agathazettel verteilt. Das waren gesegnete und mit einer Heilsformel bedruckte Zettel, die auch eine Darstellung der heiligen Agatha zeigten. Der Text lautete: „Mentem sanctam, spontaneam, honorem Deo et patriae liberationem" – „Du heiliges Gemüt, das Gott die Ehre gegeben und das Vaterland errettet hast." Der Tradition nach stand diese Formel auf einer Marmortafel, die von einem Engel auf das Grab Agathas gelegt worden war. Manchmal wurde der Text ergänzt durch: „Ignis a laesura protege nos, o Agatha pia" – „Heilige Agatha, bewahre uns vor Verletzung durch Feuer." Agathazettel wurden zum Bannen des Feuers eingesetzt, indem sie in Häusern aufbewahrt wurden, an Türen angebracht waren oder ins brennende Feuer geworfen wurden.

„Du heiliges Gemüt, das Gott die Ehre gegeben und das Vaterland errettet hast."

Klar, dass eine Heilige, die mit feuriger Kohle und glühendem Eisen gemartert wurde, Patronin der Glocken- und Erzgießer und der Goldschmiede wurde. Im Norden der deutschsprachigen Gebiete wurde sie auch zur Patronin der Feuerwehren. Sie gilt als hilfreich gegen Erdbeben und Vulkanausbrüche und wird vor allem gegen Brusterkrankungen angerufen.

Papst Symmachus (498 – 514) errichtete zu Agathas Ehre an der Via Aurelia eine Basilika.

6. Februar

Dorothea

Eine Importeurin von paradiesischem Obst

Der Name Dorothea gehört in der Gegenwart auch nicht zu den häufigsten Vornamen von Mädchen. Aber in der Liste der Vornamen von 1890 bis heute hat es der auf Doris verkürzte Vorname immerhin auf Platz 79 geschafft.

Dorothea hieß die Tochter des reichen, römischen Senators Dorus, wahrscheinlich zur Zeit des Kaisers Diokletian (284 – 305). Sie soll um 305 in Caesarea in Kappadokien als Märtyrerin gestorben sein. Dem Orient ist diese Legende allerdings unbekannt. Aldhelm († 709), Abt des Irenklosters Malmesbury, formte ihre Legende jedoch aus. Danach war Dorothea ein ideales Vorbild für Gotteseifer gewesen, geschmückt mit zahlreichen christlichen Tugenden: Keuschheit, Nüchternheit und Reinheit waren ihr eigen; sie liebte Fasten und Beten und galt als weise. Um ihre Hand hielt der heidnische Statthalter Sapricius an, wurde aber von ihr zurückgewiesen, weil sie Jungfräulichkeit um des Himmelreiches willen gelobt hatte. Der Statthalter ließ die nun als Christin Enttarnte verhaften und martern. Dorothea aber antwortete nur: „Aller deiner Strafen und Martern ungeachtet, werde ich allen das Beispiel der Furcht Gottes geben.“

St. Dorothea

Ihre beiden Schwestern Chresta (oder Christina) und Kallista, die aus Furcht vor den Martern vom Glauben abgefallen waren, veranlasste das Vorbild Dorotheas zur reuevollen Umkehr. Sie ließen sich freudvoll martern. Sie wurden in einen Kessel voll brennenden Pechs und Schwefels geworfen und gaben darin ihren Geist auf.

Vor Gericht, als Dorothea zur Enthauptung verurteilt wurde, sprach sie von Christus als ihrem Bräutigam, in dessen Garten sie Rosen und Äpfel pflücken und sich ewig laben werde. Der Jurist Theophilus spottete ihrer und sagte, sie solle ihm jetzt im kalten Winter solche Rosen und Früchte aus dem Paradies bringen. Sie versprach es. Und nach ihrer Enthauptung erschien ein schöner Knabe mit einem Korb, in dem herrliche Rosen und frische Äpfel waren. Der Knabe ging im Palast des Statthalters zu Theophilus und sagte zu ihm: „Diese Rosen und Äpfel schickt dir meine Schwester Dorothea aus dem Garten ihres Bräutigams.“ Darauf verschwand der Knabe. Theophilus, zunächst starr vor Überraschung, rief aus: „Ja, Jesus Christus ist der wahre Gott, der Glaube an ihn ist keine Täuschung. Täglich habe ich ihn gelästert, aber jetzt bereue und verfluche ich meinen Irrtum und meine Bosheit.“ Für dieses Bekenntnis erlitt der bekehrte Jurist gleichfalls den Martertod.

Der Knabe ging im Palast des Statthalters zu Theophilus und sagte zu ihm: „Diese Rosen und Äpfel schickt dir meine Schwester Dorothea aus dem Garten ihres Bräutigams.“ Darauf verschwand der Knabe.

In einer parallelen Dorothea-Legende wird das Martyrium noch farbiger ausgemalt. Dort beginnt die Folter mit „wallendem Öl“ in einem Kessel, in den Dorothea getaucht wurde. Sie entstieg diesem Bad „als wie mit edlem Balsam gesalbt“. Es folgten neun Tage und Nächte ohne Nahrung in einem dunklen Keller, aus dem Dorothea „schöner denn je“ herauskam. Weiter bedroht, bat sie Gott um ein

Zeichen. Engel stürzten daraufhin ein Götterbild von einer hohen Säule. Die Engel wurden von zahlreichen Menschen gesehen, die auch Teufel in der Luft schreien hörten. Viele der Zuschauer bekehrten sich. Ihr Folterknecht ließ Dorothea aber mit einem Pferd schleifen, ließ sie geißeln und ihre Brüste mit Fackeln brennen. Dem Tode nahe wurde sie abgeführt. Als sie am anderen Tag, über Nacht vollkommen geheilt, wieder dastand, ließ der Richter die beiden Schwestern ergreifen, die vom Glauben abgefallen, sich inzwischen aber bekehrt hatten, und ließ sie gebunden in ein Feuer werfen und verbrennen.

Aus dem nüchternen Wissen um die Existenz einer Märtyrerin mit Namen Dorothea wurde eine idealisierte, christliche Lichtgestalt, die kaum zu übertreffen war. Sie scheute nicht vor der Folter und dem Tod, überzeugte sogar zwei abgefallene Christinnen, die gleichfalls für ihren Glauben in den Tod gingen. Und als Beweis dafür, dass ihr Tun nicht sinnlos ist, lieferte sie dem spöttischen Juristen Theophilus – „Gottliebender", welch merkwürdiger Name für einen angeblichen Heiden – Handgreifliches, Blumen und Früchte aus dem Paradies. Bei der Beweislage blieb kein Zweifel offen, weshalb aus dem Heiden sofort ein glühender Christ wurde, der seinen neuen Glauben gleich mit dem Tod bezahlte. – So klingen Heldengeschichten.

Aus dem nüchternen Wissen um die Existenz einer Märtyrerin mit Namen Dorothea wurde eine idealisierte, christliche Lichtgestalt, die kaum zu übertreffen war.

Im volksfrommen Brauchtum wurde die heilige Dorothea mit drei Nothelferinnen, den Heiligen Margaretha von Antiochia, Katharina von Alexandria und Barbara von Nikomedien, zu einer Gruppe zusammengefasst, den Quattuor Virgines Capitales, den großen heiligen Jungfrauen. Das normale Volk merkte sich die drei anderen dieser Gruppe mit dem Spruch: „Sankt Barbara mit dem Turm, Sankt Margreth mit dem Wurm (= Drachen), Sankt Kathrein mit dem Radl (= sie sollte

ZU MANCHEN ZEITEN UND IN MANCHEN GEGENDEN WURDE DOROTHEA AUCH DEN VIERZEHN NOTHELFERN ZUGERECHNET. DAS BLUMENWUNDER MACHTE DOROTHEA ZUR SCHUTZPATRONIN DER GÄRTNER UND BLUMENHÄNDLER.

mit einem Rad getötet werden), das sind die drei heiligen Madl." Die fromme Frauen-Gang bot sich als eine Art von Rundum-Versorgung für Frauen in Frauenfragen an. Zu manchen Zeiten und in manchen Gegenden wurde Dorothea auch den Vierzehn Nothelfern zugerechnet. Das Blumenwunder machte Dorothea zur Schutzpatronin der Gärtner und Blumenhändler. Warum ihre Keuschheit um des Himmelreiches sie aber zur Patronin der Bräute, Neuvermählten, Wöchnerinnen und bei Geburtswehen werden ließ, verliert sich ebenso im Land des Wunderbaren wie ihr Patronat für Bierbrauer, Bergleute und bei Armut, falschen Anschuldigungen und Todesnöten.

Bei der Kalenderreform 1969 wurde der Gedenktag der Dorothea, der 6. Februar, aus dem Römischen Generalkalender gestrichen. Den Kirchenmännern schien das historische Fundament dieser römischen Dame dann doch zu wenig belastbar.

30. März

Quirinus

Ein fabelhafter Allzweckpatron

Sein Name ist der eines altrömischen Gottes, der mit Romulus gleichgesetzt wurde. Quirinus, der nach dem Umzug seiner Reliquien das „von Neuss“ angehängt bekam, sollte so vor Verwechslungen mit den Namensgleichen „von Malmédy“, „von Siscia“ und „von Tegernsee“ bewahrt werden.

Seine Legende scheint im 6./7. Jahrhundert, einer außerordentlich produktiven Zeit für fabelhafte Legenden, entstanden zu sein, und basiert auf keinen historisch belastbaren Fakten. Nach diesen Legenden war Quirinus im Rang eines Tribun Kerkermeister unter Kaiser Hadrian (117 – 138) und dazu abgestellt, eingekerkerte Christen zu bewachen. So hatte er auch den römischen Bischof Alexander, den fünften Papst, zu bewachen. Und getrennt von ihm den Präfekten Hermas. Quirinus erlebte, dass Alexander dem Hermas in seiner Zelle erschien, von einem Engel geführt, ohne Fesseln und vor allem, ohne seine Kerkerzelle verlassen zu haben. Quirinus erbat von Alexander ein weiteres Wunder: Die Heilung seiner an Kropf erkrankten Tochter Balbina. Alexander erteilte Quirinus den Auftrag, die Ketten Petri zu suchen, die dieser dann auch fand. Als Balbina die Kette küsste, war sie geheilt.

So bekehrt, wurden beide getauft und schließlich nach ausgiebiger Folter mit Alexander und Hermas enthauptet und in der Katakombe des Praetextatus an der Via Appia begraben.

Nach einer erst im 15./16. Jahrhundert entstandenen Ortslegende hat die Neusser Benediktinerinnenäbtissin Gepa, angeblich eine leibliche Schwester Papst Leos IX., die Reliquien des Quirinus 1050 in Rom von ihrem Bruder als Geschenk erhalten und nach Neuss überführt. Allerdings sind der Kult des heiligen Quirinus und sein Fest am 30. März schon vorher in Neuss bezeugt – vielleicht bezogen auf Quirinus von Siscia. Von Neuss ausgehend verbreiteten sich Kult und Legende schnell im Rhein- und Maasland, Elsass, den Niederlanden, aber auch bis Skandinavien und Italien. Den Höhepunkt erreichte die Berühmtheit des Heiligen durch die vergebliche Belagerung der Stadt Neuss durch Karl den Kühnen von Burgund im Jahr 1474/1475, dessen Niederlage Quirinus zugeschrieben wurde.

DEN HÖHEPUNKT ERREICHTE DIE BERÜHMTHEIT DES HEILIGEN DURCH DIE VERGEBLICHE BELAGERUNG DER STADT NEUSS DURCH KARL DEN KÜHNEN VON BURGUND IM JAHR 1474/1475, DESSEN NIEDERLAGE QUIRINUS ZUGESCHRIEBEN WURDE.

Diese Großtat führte zu einer Beförderung: Neben Antonios dem Einsiedler, Papst Cornelius und Bischof Hubert von Tongern-Maastricht wurde Quirinus zu einem der „Heiligen Vier Marschälle", einer heiligen Männer-Gang, gebildet nach dem Prinzip: mehr(ere Heilige) hilft mehr!

Die neun Kugeln als ikonografische Attribute des Heiligen fußen auf der – falschen – Interpretation des lateinischen Namens der Stadt Neuss – *Novesia* – als abgeleitet vom lateinischen *novem* – neun.

Seine Zuständigkeit als Patron erstreckt sich auf Geschwüre (Pest) und Gicht; er wird zuständig für Ritter, Pferde und Rinder (man beachte die Reihenfolge); man ruft ihn an gegen Bein- und Fußleiden, Gicht, Lähmung, Eitergeschwüre, Hautausschlag, Pest, Ohrenschmerzen, Kropf, Fisteln, Knochenfraß, Pocken und Pferdekrankheiten. Die letztgenannte Zuständigkeit wurde, offensichtlich weil er erfolgreich war, auf Viehseuchen erweitert.

Seine Zuständigkeit als Patron erstreckt sich auf Geschwüre (Pest) und Gicht; er wird zuständig für Ritter, Pferde und Rinder (man beachte die Reihenfolge); man ruft ihn an gegen Bein- und Fussleiden, Gicht, Lähmung, Eitergeschwüre, Hautausschlag, Pest, Ohrenschmerzen, Kropf, Fisteln, Knochenfrass, Pocken und Pferdekrankheiten.

Allerdings steht noch ein Wunder des heiligen Quirinus aus. Als die Neusser ihr Quirinusmünster mit einer großen Kuppel versahen, stellten sie ein Abbild des Heiligen oben drauf. Seriöserweise wird eine solche Figur so aufgestellt, dass sie der aufgehenden Sonne, dem Symbol für den wiederkommenden Christus, entgegensieht. Genau das aber wollten die biestigen Neusser nicht, denn da liegt Düsseldorf, das mit Neuss konkurrierte. Und was machten diese Neusser? Sie drehten den heiligen Quirinus einfach um, sodass der Ärmste nun nach Westen, zur untergehenden Sonne, dem Symbol des Bösen schauen muss! Den Düsseldorfern zeigt er aber seitdem, und das freut so manchen Neusser sehr, den verlängerten Rücken. Die Folge? Nun, einige zweifeln die Macht dieses Heiligen an. Solange er es nicht schafft, sich richtig und anständig hinzustellen, also nach Osten umzudrehen, verweigern sie ihm die Verehrung. Bis jetzt jedenfalls scheint der Heilige – unter Verzicht auf das erwünschte Wunder – den Neussern zuzuhalten.

St. Georg

23. April

Georg

Ein Drachenkiller wird Mega-Star der Heiligen

Bis in die Gegenwart ist der heilige Georg einer der Mega-Stars am Heiligenhimmel. Ungeschlagen ist seine Verbreitung als Landespatron und Namengeber für Länder, Städte, Kirchen, Orden und Menschen. Kaum ein anderer hat es so oft zur Abbildung auf Wappen gebracht. In der Kunst gehört er neben Maria zu den am häufigsten dargestellten Heiligen.

Was hat die Kirche nicht alles getan, um die Verehrung dieser suspekten Figur zu unterlaufen? Schon 494 zweifelte Papst Gelasius I. an der Echtheit der dem Heiligen zugewiesenen Wunder. Radikaler noch: 812 erklärte der Patriarch von Konstantinopel, Nicephorus I., mehrere Motive aus den Legenden des heiligen Georg für apokryph und verboten. Nicht genug: 1969 wurde Georg zum Opfer der nachkonziliären Kalenderreform. Sie strich den Gedenktag des Heiligen – und symbolisch damit ihn selbst – aus dem Römischen Generalkalender. Und die Folge: Oh Wunder, der heilige Georg steht seit 1975 wieder im Generalkalender, obgleich der Beschluss seiner Entfernung nie zurückgenommen wurde. Es geschehen doch immer wieder Zeichen und Wunder! Nicht nur der Heilige trotzte ein ums andere Mal seinem Tod, sogar seine Legende ist überlebensfähig, selbst wenn heute jeder wissen kann, was früher bloß unglaublich glaubhaft war. Die Popularität von Georg hat durch die Kalenderaktionen keinen messbaren Schaden genommen.

Fangen wir ganz vorne an: Geboren worden sein soll Georg im 3. Jahrhundert in Kappadokien, gestorben an einem 23. April um 303, vielleicht in Lydda, Palästina, oder in Nikomedien. Als relativ sicher gilt, dass es einen Georg gab, der zu Beginn der Christenverfolgung durch Kaiser Diokletian (284 – 305) als Märtyrer starb. Alle anderen „Informationen" zu diesem Märtyrer kommen erst später hinzu. In den Kirchen des Ostens hat Georg den Rang eines Erz- und Großmärtyrers.

Dreimal stirbt der Glaubensheld innerhalb von sieben Jahren. Auf Gottes Geheiss wird Georg immer wieder lebendig.

Der Erste, der den heiligen Georg erwähnt, ist der Kirchenvater Eusebius († 339). Er berichtet knapp den Märtyrertod und überliefert als Todesdatum den noch immer geltenden Gedenktag in der Katholischen Kirche, den 23. April. Nicht mehr und nicht weniger. In Kleinasien und im syrischen Raum entstehen dann Legenden, die von ganz unterschiedlichen Ereignissen zu verschiedenen Terminen berichten. Georg ist ein aus Kappadokien stammender Truppenführer, der Christ geworden ist. Der persische König Dadian (auch griechisch *Dadianos*, lateinisch *Datianus*) lässt ihn verhaften und verlangt, er müsse seinem christlichen Glauben abschwören. Es folgt eine Kaskade von unbeschreiblich grausamen Folterungen und Toden. Dreimal stirbt der Glaubensheld innerhalb von sieben Jahren. Auf Gottes Geheiß wird Georg immer wieder lebendig.

Der Glaubensheld beginnt auf einer Folterbank. Er wird in die Länge gezerrt, zerrissen, „bis sich seine Eingeweide auf den Boden verteilen", muss seine Füße in Schuhe stecken, die mit spitzen Nägeln gespickt sind. Dann wird sein Kopf mit einem Hammer malträtiert.

„Milchweißes“ Gehirn tritt aus. Sein ganzer Körper ist „mit geronnenem und wie zu Blei gehärtetem Blut bedeckt“. Über Nacht lässt man ihn so liegen, beschwert ihn aber noch mit einer riesigen Säule auf dem Bauch. Es folgen weitere Torturen, die alle daraus bestehen, Georg zu zerstückeln. Umgekehrt spiegelt sich in diesen Ereignissen das spätere legendäre Leben des Helden: Wie ein Tier in Stücke zerrissen. Die Folter wird zu einem Endlos-Drama: In kochendes Wasser geworfen, wird er mit Salz bestreut, bis „sein Fleisch sich in Fetzen von ihm löst“. Er wird in zwei Teile zersägt, „bis das Schwert zwischen seine beiden Beine fällt“. Georg wird wilden Tieren zum Fraße vorgeworfen, die ihn aber nicht fressen, sondern vor ihm ihren Nacken beugen, zum Zeichen der demütigen Unterwerfung. Diese bluttriefende Orgie, dieses jeden Horrorfilm zum niedlichen Tête-à-Tête deklassierende Inferno, endet schließlich damit, dass Georg in Stücke zerlegt daliegt, gemeinsam mit einer Melange aus Blei, Ochsenfett und Pech in einen großen Kessel geworfen wird. Die dem Kaiser angebotene „Brühe“ lässt dieser vergraben. Vorhang? Nein, eine Stimme aus dem Himmel befiehlt: „Erhebe dich und verlasse den Kessel“. Und, oh Wunder, der Märtyrer fügt seine Einzelteile wieder zusammen und steht tatsächlich lebendig auf, nur um weitere Folterungen über sich ergehen zu lassen. Er liegt hingestreckt, eine glühende Eisenschale im Mund und sechzig Nägel im Kopf, wird geknetet, verändert, zerbrochen und zertreten, wie Wachs von Statuen, die man in Bronze schmelzen will, eingeschlossen in einer steinernen Form seiner eigenen Gestalt, dem schmelzenden Metall ausgesetzt, dann darin aufgelöst „wie Staub in der Sommerluft“. Eine Metapher für Georg, der wie eine Statue Gestalt annimmt als ein durch ein Blutbad wandelnder Held? Ein Held,

Georg wird wilden Tieren zum Frasse vorgeworfen, die ihn aber nicht fressen, sondern vor ihm ihren Nacken beugen, zum Zeichen der demütigen Unterwerfung.

der erweist, dass die Bronze-Götter des Kaisers Nichtse sind: Eine Statue des Apollo reißt er um, eine Herkules-Statue zerschlägt er in Stücke. Und er zeigt die Macht seines Gottes, der aus totem Holz, aus Stuhlbeinen oder Säulen, lebendes Holz, Obstbäume, werden lässt. Das Bild vom toten Holz, das grünt, durchzieht manche Legende.

Im dreimaligen Tod des heiligen Georg hat der dreifaltige Gott sein Signet hinterlassen: Das Leben in Gott trotz jedem Tod.

Als Häftling bekehrt er noch viele Heiden, darunter selbst die Königin und ein Magier des Königs. Dann wird er schlussendlich zum Tode durch Enthauptung verurteilt. Vorher hatte er aber noch Zeit, Gott anzuflehen, er möge den König durch Feuer töten. Das passt nicht ganz zu heldenhafter Demut, eher dazu, dass dieser Märtyrer vielleicht doch ein wenig nachtragend war. Der liebe Gott aber, das wissen die Legendenschreiber ganz sicher, hat Georg die schlechten Wünsche für den König nicht übel genommen, sondern schlicht das Thema gewechselt. Er verleiht Georg die Macht, alle jenen zu helfen, die ihn um Hilfe anrufen oder seine Reliquien verehren. Der Fantasie-Perser Dadian wurde in der Legende alsbald gegen den Christenfeind Kaiser Diokletian (284 –305) ausgetauscht und ist seitdem in kirchlich autorisierten Legendenfassungen der Bösewicht.

Im dreimaligen Tod des heiligen Georg hat der dreifaltige Gott sein Signet hinterlassen: Das Leben in Gott trotz jedem Tod.

Gemeinsamer Kern dieses Legendenkranzes ist: Durch seinen Glauben überwindet Georg jede Folter bis zu seinem von ihm selbst angekündigten Ende. Sein Handlungsmotiv war der Protest gegen die Diskriminierung und die Verfolgung der Christen. Diese Legenden werden an einzelnen Stellen und durch spätere Ergänzungen um neue Elemente erweitert: Das christliche Armutsideal wird dadurch propagiert, dass Georg, als edler Ritter vorgeführt, sein Land an die Armen verschenkt, bevor er seine Protestaktion öffentlich beginnt. Auch die

Zerstörung von Götzenbildern und heidnischen Tempeln wird ihm zugeschrieben. Dieses Helden-Image ist so stark, dass er sogar bis in den Islam hineinwirkt. Hier hat Georg den Namen Circis (oder Cercis) und wird als Prophet betrachtet, der für Christus missionierte.

Während der Zeit der Kreuzzüge verlor der Erzengel Michael als geachteter Schutzpatron an Popularität und Reputation in Deutschland – warum auch immer. Diese Lücke wurde durch einen anderen Drachentöter geschlossen, indem man das Motiv der Drachentötung (Offb 12, 7-9) auf Georg übertrug, übrigens erst im 12. Jahrhundert, also mehr als 500 Jahre nach dem Aufkommen der ersten Georgslegenden. Weil der erste Legendenkranz mit dem Tod des Heiligen endet, wird das Motiv von Georg als Drachentöter dem Tod vorangestellt. Am weitesten verbreitet war die Erzählung aus der „Legenda aurea" (zweite Hälfte des 13. Jahrhunderts), die wiederum aus unterschiedlichen Textvarianten entstanden ist. Diese Legende ähnelt verschiedenen Rittermärchen. Während aber diese Ritter den Drachen (= Lindwurm) töten, um die jungfräuliche Königstochter zu heiraten, befreit Georg die dem Drachen ausgelieferte Königstochter aus ihrer Rolle als Opfer des Drachens, der selbstverständlich das Böse symbolisiert. Georg erreicht dadurch, dass sich die Menschen taufen lassen. Die Legendenschreiber, in Sorge, einfache Leser hätten den symbolischen Sachverhalt nicht gecheckt, klären auf: Der Drache ist das Böse und der Böse, der Teufel – eben jener, der durch den durch den Erzengel Michael vollzogenen Platzverweis im Himmel zum „Höllensturz" kam. Und die königliche Jungfrau? Damit keiner auf dumme Gedanken kam oder weil

Während der Zeit der Kreuzzüge verlor der Erzengel Michael als geachteter Schutzpatron an Popularität und Reputation in Deutschland – warum auch immer. Diese Lücke wurde durch einen anderen Drachentöter geschlossen, indem man das Motiv der Drachentötung (Offb 12, 7-9) auf Georg übertrug …

es so schön passte, wurde sie zum Sinnbild der Kirche. Damit hatte Georg das Heidentum hinweggefegt, um der Kirche und dem Christentum zum Sieg zu verhelfen. Geboren war ein neuer Typ, der „miles Christi", der Soldat Christi, der zum Sieg über das Böse und den Bösen auch Gewalt anwenden durfte. In der durch Georg begründete „Ahnenreihe" des „miles Christi" findet sich nicht sehr viel später der heilige Martin von Tours, der in der Westkirche auch als der erste „unblutige Märtyrer" gilt. So bezeichnete man nach dem Mailänder Toleranzedikt den neuen Heiligentyp, den Bekenner, der nicht mehr für seinen Glauben sterben musste oder konnte.

Grundlegend für die Verbreitung des Georgskults war die legendäre Rolle, die Georg bei der Eroberung Jerusalems spielte. Der Heilige erschien als weißer Ritter, der dem Kreuzfahrerheer entscheidend half. In der Parade-Rolle als „miles Christi" wird Georg ein Vorbild der Ritter. Die weiße Farbe wird die Grundfarbe der Georgsfahnen, die ein rotes Georgskreuz schmückt. Georg, dessen griechischer Name eigentlich „Landmann" (oder Bauer) bedeutet, wird Patron der Ritter und übernimmt das Patronat über mindestens dreizehn Ritterorden.

GRUNDLEGEND FÜR DIE VERBREITUNG DES GEORGSKULTS WAR DIE LEGENDÄRE ROLLE, DIE GEORG BEI DER EROBERUNG JERUSALEMS SPIELTE. DER HEILIGE ERSCHIEN ALS WEISSER RITTER, DER DEM KREUZFAHRERHEER ENTSCHEIDEND HALF.

Georgsreliquien waren ein echter Renner. Toulouse behauptet, den ganzen Körper des Heiligen zu besitzen. Arm-Reliquien gibt es an mehr Stellen, als ein normaler Mensch Arme hat. In Ferrara soll einmal der Kopf Georgs verehrt worden sein, seit dem 8. Jahrhundert befindet er sich in Rom. Der Schädel oder ein Teil davon findet sich aber auch auf der Insel Reichenau. Wie üblich lässt sich das knöcherne Durcheinander toppen: Die Georgier behaupten, Georg sei nach seinem Tod in 365 Stücke zerteilt worden. Diese Reliquien seien in ganz

Georgien bestattet worden und auf vielen Bestattungsorten seien Georgskirchen errichtet worden.

Ein ganz besonderer Georg-Fan war der heilige Kölner Erzbischof Anno II. (1010 – 1075). Gebürtig aus St. Gallen, wo Georg seit dem beginnenden 9. Jahrhundert verehrt wurde, erhielt er seine Ausbildung in Bamberg an der dem heiligen Georg geweihten Domkirche. Dass Anno vom Georgskult infiziert war, bewies er in Köln durch die Gründung des Georgstifts und der Kirche St. Georg. Auch im Benediktinerkloster Siegburg, ebenso eine Gründung Annos, war die Georgsverehrung zu Hause. Annos Zuneigung zum heiligen Georg setzte sich über den Tod des Bischofs fort: Auf seiner rechten Seite bildet der Siegburger Benignusschrein, um 1190 gefertigt, die Heiligen Anno, Erasmus, Georg und Nikolaus ab. Der Albinusschrein, um 1186 im Kölner Kloster St. Pantaleon hergestellt, zeigt gleichfalls – unter den sieben christlichen Haupttugenden – den Märtyrer Georg.

Ein ganz besonderer Georg-Fan war der heilige Kölner Erzbischof Anno II. (1010 – 1075). Gebürtig aus St. Gallen, wo Georg seit dem beginnenden 9. Jahrhundert verehrt wurde, erhielt er seine Ausbildung in Bamberg an der dem heiligen Georg geweihten Domkirche.

Übrigens muss der Heilige eine umfangreiche Waffenkammer besessen haben, denn allein mindestens drei Schwerter daraus hatten den Weg nach Köln gefunden. Auch der Schwertarm des Märtyrers war wohl von besonderer Größe, weil sich Teile von ihm mehrfach unter anderem in Köln finden lassen.

Bleibt die Namenspräsenz zu erwähnen. Es gab nicht nur die mit Georg Benannten, Geo, Gerg, Girg, Gorch waren Kurzformen, Koseformen waren Gergel, Gergl, Girgel, Göres, Görres, Görgel und Gürgel; Namensvarianten waren Jirrim (Nordfriesland), Joren und Joris (Niederlande), Jorg, Jörg, Jürg, Jürgen, Jürn und Schorsch. Und auch die Damen bedienten sich namensmäßig beim heiligen Georg: Georgette, Georgia, Georgina und Georgine sind hier zu nennen.

Die Zuständigkeit des Heiligen, volksnah gesehen also seine „Brauchbarkeit“, ist nicht zu unterschätzen. Neben den verschiedensten Ländern und den Rittern standen unter seinem Patronat Bergleute, Böttcher, Sattler, Schmiede, Pfadfinder (St. Georgs-Pfadfinder), Artisten, Wanderer, Spitäler, Siechenhäuser, Bauern, Pferde, Vieh und Wetter. Zuständig war er auch für Glauben, in Kämpfen aller Art, in Kriegsgefahren, gegen Fieber, Beschimpfungen und Versuchungen. Fast wäre es einfacher aufzuführen, gegen was Georg nicht anzurufen war!

Zuständig war er auch für Glauben, in Kämpfen aller Art, in Kriegsgefahren, gegen Fieber, Beschimpfungen und Versuchungen.

Der legendarische Sieg des „miles Christi“ über den Drachen war eine so attraktive Story, dass es sehr gereizt haben muss, sie nicht nur zu erzählen, sondern auch zu spielen. Es entstand der „Drachenstich“, die gespielte Tötung des Drachens und die Errettung der Königstochter. Dieser „Drachenstich“ wurde mit Fronleichnam verbunden. Bis in das 16. Jahrhundert zog der heilige Georg in Form eines Darstellers ebenso wie der Drache bei der Fronleichnamsprozession mit. Nach der Prozession fand jedoch das heilige Heldenstück seine viel beachtete Aufführung und die allgemeine Gaudi war groß. Im 19. Jahrhundert spätestens wurde der Drachenstich auch vom Fronleichnamstag gelöst und auf einen anderen Tag verlegt. Der Further Drachenstich (Furth im Wald/Oberpfalz) gilt als das älteste Volksschauspiel in Deutschland und hat sich bis in die Gegenwart erhalten. Übrigens wird der Drachenstich auch noch bei unseren friesischen Nachbarn in Beesel/Niederlande gespielt, wenn auch nur alle sieben Jahre.

Auf jeden Fall sieht man aber einmal, was das Image des Drachen-Killers aus einem schlichten Märtyrer alles machen kann.

5. Mai

Drei Jünglinge im Feuerofen

Jüdische Märtyrer, christlich vereinnahmt

Die „Legenda aurea“ des 13. Jahrhunderts führt sie nicht auf. Wann ihr Gedenktag im Römischen Generalkalender gelöscht wurde, ist nicht zu ermitteln. Ihre Darstellung aber im Feuerofen ist im Mittelalter häufig zu sehen. Sie vermittelt die Rettung durch Gott, auch in den aussichtslosesten Fällen, wobei die Flammen als Fegfeuer deutbar waren.

Im Buch Daniel des Ersten Testaments wird im dritten Kapitel berichtet, dass König Nebukadnezar, wie ihn die Bibel nennt, (Nabû-kuduriī-uşur II., 605 – 562) eine große goldene Statue anfertigen ließ, vor der sich jeder niederwerfen musste, um sie anzubeten. Wer sie nicht anbeten sollte, musste damit rechnen, in einen glühenden Feuerofen geworfen zu werden. Die Juden Schadrach, Meschach und

Abed-Nego, so ihre babylonischen Namen, weigerten sich, den Götzen Nebukadnezars anzubeten. Und natürlich stellte der Tyrann die passende Frage: „Welcher Gott kann euch dann aus meiner Gewalt erretten?“ Als ob die drei schon die modernen Gesetze über das Recht zur Aussageverweigerung gekannt hätten, antworten sie: „Wir haben es nicht nötig, dir darauf zu antworten.“ Etwas versöhnlicher ging es weiter: „Wenn überhaupt jemand, so kann nur unser Gott, den wir verehren, uns erretten; auch aus dem glühenden Feuerofen und aus deiner Hand, König, kann er uns retten.“ Dieser jedem heiligen Märtyrer würdigen Antwort setzen sie aber noch eine drauf: „Tut er es aber nicht, so sollst du, König, wissen: Auch dann verehren wir deine Götter nicht und beten das goldene Standbild nicht an, das du errichtet hast.“ No chance for Nebukadnezar.

Der war nun echt sauer. Die drei mussten den Weg in den glühenden, übermäßig aufgeheizten Feuerofen antreten. Der war denn auch so heiß und glühend, dass er die Schergen, die die drei in den Ofen hineinkomplimentierten, gleich schon einmal tötete. Bedarf es noch eines weiteren Beweises für die Tod bringende Glut?

Die drei mussten den Weg in den glühenden, übermässig aufgeheizten Feuerofen antreten. Der war denn auch so heiss und glühend, dass er die Schergen, die die drei in den Ofen hineinkomplimentierten, gleich schon einmal tötete.

Die drei Juden aber, Hananja, Asarja und Mischael, so ihre jüdischen Namen, gingen unbeschadet in den Flammen spazieren und blieben dann für ein Gebet stehen. „Gepriesen und gelobt bist Du, Herr, Gott unserer Väter …“ – ein Text (Dan 3, 24-45, 51-90), der Eingang in die Matutin (Frühgebet), das Stundengebet, gefunden hat.

Warum konnten die drei dem Feuer trotzen, das auf Geheiß des Königs immer stärker entfacht wurde? Der Engel des Herrn war zusammen mit ihnen in den Ofen hinabgestiegen. „Er trieb die Flammen des Feuers aus dem Ofen hinaus und machte das Innere des Ofens so, als wehte ein taufrischer Wind. Das Feuer berührte sie gar nicht; es tat ihnen nichts zuleide und belästigte sie nicht."

König Nebukadnezar erschrak, als er im Feuerofen statt drei vier Personen sah, von denen eine, eben der Engel, aussah „wie ein Göttersohn". Er ließ die Juden aus dem Ofen herausrufen, und alle stellten fest, „dass das Feuer keine Macht über ihren Körper gehabt hatte. Kein Haar auf ihrem Kopf war versengt. Ihre Mäntel waren unversehrt und nicht einmal Brandgeruch haftete ihnen an."

Er ließ die Juden aus dem Ofen herausrufen, und alle stellten fest, „dass das Feuer keine Macht über ihren Körper gehabt hatte. Kein Haar auf ihrem Kopf war versengt. Ihre Mäntel waren unversehrt und nicht einmal Brandgeruch haftete ihnen an."

Und die Bibel fährt fort: „Da rief Nebukadnezar aus: Gepriesen sei der Gott Schadrachs, Meschachs und Abed-Negos. Denn er hat seinen Engel gesandt und seine Diener gerettet. Im Vertrauen auf ihn haben sie lieber den Befehl des Königs missachtet und ihr Leben dahingegeben, als dass sie irgendeinen anderen als ihren eigenen Gott verehrten und anbeteten. Darum ordne ich an: Jeder, der vom Gott des Schadrach, Meschach und Abed-Nego verächtlich spricht, zu welcher Völkerschaft, Nation oder Sprache er auch gehört, soll in Stücke gerissen und sein Haus soll in einen Trümmerhaufen verwandelt werden. Denn es gibt keinen anderen Gott, der auf diese Weise retten kann. Darauf sorgte der König dafür, dass es Schadrach, Meschach und Abed-Nego in der Provinz Babel gut ging."

Diese alte Story erfüllt alle Kriterien eines christlichen Märtyrerepos: Die drei vertreten konsequent einen Wert, ihren Glauben, gegen einen heidnischen Tyrannen und gehen, im Vertrauen auf ihren Gott, in den grausamen Tod. Gott aber bewahrt sie vor dem Tod und jeder Unbill und entlässt sie als Beweise seiner Macht wieder in das

Leben. Zwar unterwirft sich Nebukadnezar nun nicht Jahwe, aber er begegnet den Juden mit Hochachtung und toleriert ihren Glauben. Letzteres ist mehr, als manch christlicher Märtyrer erreichen konnte.

Bleibt eine Frage: Wieso galten die drei Jünglinge im Feuerofen im Christentum als Märtyrer, wenn sie keinen Blutzoll bezahlt haben? Sie kamen doch heil und lebendig durch ihre Folter!

Kein Problem, mag da einer im christlichen Altertum gedacht haben. Diese Geschichte ist so feurig, dass sie unbedingt unter die Märtyrerlegenden gehört. Patriarch Cyrill von Alexandria (um 380 – 444) berichtet, die drei hätten ein hohes Alter erreicht und seien unter dem persischen Herrscher Chambyses enthauptet worden (angespielt wird hier wahrscheinlich auf Kambyses II. (530 – 522). Und fertig waren die christlichen Märtyrer oder genauer: jüdische Märtyrer, die von den Christen vereinnahmt wurden.

So, wie fremde Mütter auch schöne Töchter haben, gibt es halt bei unseren älteren Geschwistern, den Juden, Geschichten, die sind derart gut, als wären sie von uns Christen. Die drei Jünglinge im Feuerofen sind ein Beleg dafür, wie man fremde Geschichten zu eigenen machen kann. Geht nicht? Na bitte, es geht doch!

Patriarch Cyrill von Alexandria (um 380 – 444) berichtet, die drei hätten ein hohes Alter erreicht und seien unter dem persischen Herrscher Chambyses enthauptet worden ...

12. Mai

Pankratius

Ein erfolgreicher Wahrheitsüberprüfer, der nicht nur in die Hände biss

Versierten Rompilgern ist der „Bocca della Verità", der „Mund der Wahrheit", nicht unbekannt, eine runde Steinplatte, mit fünf Löchern durchbrochen: zwei für die Augen, eines für den Mund und zwei für die Nasenlöcher. Die Gelehrten streiten noch darüber, woher diese 1,3 Tonnen schwere Scheibe stammt und welche Funktion sie früher hatte. Die heute an der linken Wandseite in der Säulenvorhalle der römischen Kirche Santa Maria in Cosmedin angebrachte Scheibe, rund zweitausend Jahre alt, 1485 erstmals erwähnt, wurde 1632 an dieser Stelle montiert. Nach einer mittelalterlichen Legende verliert jeder seine Hand, der sie ihr in den Mund legt und dabei nicht die Wahrheit sagt. Mit gemischten Gefühlen schieben heute Touristen vorsichtig ihre Hand in den Mund der Wahrheit. Natürlich weiß jeder, dass es nur eine Legende ist, die eine Drohung darstellt. Aber, wer weiß, wer weiß …

Es gibt noch eine ältere „Wahrheitsprüfung" … die hat mit dem heiligen Pantaleon zu tun. Und die ist bei einer „gelogenen Wahrheit" in der angedrohten Folge noch viel drastischer als die bei der „Bocca della Verità". Aber der Reihe nach.

So, wie der heilige Ignatius in Süddeutschland als Ignaz vereinnahmt wurde, geschah es auch dem heiligen Pankratius. Er wurde zum Pankraz. Als solcher ist er als einer der „Eisheiligen“ bekannt: Mamertus, 11. Mai; Pankratius, 12. Mai; Servatius, 13. Mai; Bonifatius, 14. Mai; Sophie, 15. Mai. Man merkte sich den Termin zum Beispiel mit einem Spruch wie: „Pankrazi, Servazi und Bonifazi sind drei frostige Bazi. Und zum Schluss fehlt nie die kalte Sophie.“

Pankratius ist ein römischer Märtyrer, von dem wir nur Legendarisches wissen. Er soll aus einer vornehmen Familie Phrygiens stammen und nach dem Tod seiner Eltern mit seinem Onkel Dionysios nach Rom gekommen sein, „da sie ein reiches Erbe hatten“. In unmittelbarer Nähe zu ihnen in Rom lebte Papst Cornelius (251 – 253) verborgen. Durch ihn wurden Pankratius und Dionysios zu Christen. Dionysios starb in Frieden, während Pankratius als Christ, er war gerade einmal vierzehn Jahre alt, vor Gericht gestellt wurde. Die Legende lässt natürlich den Kaiser Diokletian (284 – 305) in eigener Person als Richter auftreten. – Hier hat der Legendenschreiber aber schlicht geschlafen oder schlecht recherchiert, denn von den Lebensdaten des Papstes Cornelius ausgehend, kommen nur die Kaiser Decius (249 – 251) oder Valerian (253 – 260) infrage. – Wegen des jugendlichen Alters des Angeklagten versuchte der Kaiser, ihn zum Abfall zu bewegen, drohte ihm mit dem Tod und bot ihm an, ihn an Kindes statt anzunehmen, wenn er dem Christentum abschwören werde.

WEGEN DES JUGENDLICHEN ALTERS DES ANGEKLAGTEN VERSUCHTE DER KAISER, IHN ZUM ABFALL ZU BEWEGEN, DROHTE IHM MIT DEM TOD UND BOT IHM AN, IHN AN KINDES STATT ANZUNEHMEN, WENN ER DEM CHRISTENTUM ABSCHWÖREN WERDE.

Die Legende lässt den Vierzehnjährigen geradezu bühnenreif antworten: „Bin ich auch des Leibes (nach) ein Kind, so habe ich doch ein alt weises Herze, und aus der Kraft meines Herrn Jesu Christi gilt mir dein Drohen so wenig, als das Bild, das da vor uns an der Wand ist gemalet. Aber die Götter, die du mich anbeten heißest, waren Betrüger und schändeten ihre leiblichen Schwestern, ja sie schonten ihrer Eltern nicht. Wäre heute einer deiner Diener also böse, du hießest ihn auf der Stelle töten. Schämst du dich nicht, dass du die für seine Götter ehrest?" Der Kaiser gab sich argumentativ geschlagen und ließ Pankratius an der Via Aureliana enthaupten. Es soll, so die Legende, an einem 12. Mai im Jahr 287 gewesen sein. Dort sei er auch, von Octavilla, der Frau eines Senatoren, in den später nach ihm benannten Katakomben beigesetzt worden.

Seit dem 6. Jahrhundert lässt sich die kultische Verehrung des bald populären Pankratius nachweisen. Er wird zum Patron des Eides, der Kinder, in Deutschland auch der Ritter und des Adels. Er wird einer der Vierzehn Nothelfer und zuständig im Kampf gegen Ekzeme, Migräne und Krämpfe. Dargestellt wird Pankratius als junger Mann, Soldat oder Ritter mit Schwert (= Todesart) und Palme (= Siegespalme des Märtyrers).

Er wird zum Patron des Eides, der Kinder, in Deutschland auch der Ritter und des Adels. Er wird einer der Vierzehn Nothelfer und zuständig im Kampf gegen Ekzeme, Migräne und Krämpfe.

Und wieso, fragt der aufmerksame Leser an dieser Stelle, wird Pankratius zum Patron des Eides, überprüft in eigener Person, ob jemand die Wahrheit spricht?

Das kam so, berichtet die „Legenda aurea": Bei einem großen Streit zwischen zwei Männern war dem Richter wohl bewusst, welcher die Wahrheit sprach. Aber „in seinem Eifer für das Recht" stellte der Richter beide vor den Altar des heiligen Petrus und zwang den Schuldigen, dort seine Unschuld zu beschwören, die er beteuerte. Und der Richter flehte den Apostel an, dass er durch ein Zeichen die Wahrheit offenkundig machen sollte. Als nun der Schuldige schwor, aber „es [= der Meineid] nicht an ihm gerochen ward", rief der Richter in seinem Eifer: „Dieser alte Sankt Peter ist zu barmherzig über diese Sünde, oder er will dem jüngeren Heiligen die Ehre geben. Lasst uns zu dem jungen Sankt Pankratius gehen, ob der unsere Bitte erhört.“ So gingen sie also zum Grab des Heiligen, und der Schuldige war so vermessen, dass er über dem Grab erneut seinen Meineid schwor. Und die Legende teilt genüsslich mit: „Da mochte er die Hand nicht wieder von dem Grabe ziehen, und starb kürzlich darnach an derselben statt.“ Nach dieser Legende hätte noch heute das Volk die Gewohnheit, in strengen Dingen über Sankt Pankratii Grab zu schwören.

SO GINGEN SIE ALSO ZUM GRAB DES HEILIGEN, UND DER SCHULDIGE WAR SO VERMESSEN, DASS ER ÜBER DEM GRAB ERNEUT SEINEN MEINEID SCHWOR.

Gregor von Tours (ca. 538 – 594) war offensichtlich von diesem Phänomen auch überzeugt. Er berichtet, wenn jemand über dem Grab des heiligen Pankratius einen falschen Eid schwört, so fährt der Teufel in ihn und macht ihn rasend, noch ehe er des Tores Gitter erreicht, oder aber er stürzt alsbald zu Tode.

Gegen dieses radikale Urteil mit sofortigem und finalem Strafvollzug ist die Folge, die einem beim „Bocca della Verità“ droht, eine echte Weichei-Lösung.

24. Juni (Geburt) und
29. August (Todestag)

Johannes der Täufer

Frommes Vorbild aller Aussteiger

Die Geschichte dieses Heiligen enthält alle Elemente, die heute skandaltriefend in der Yellow-Press genüsslich ausgebreitet würden. War Johannes überhaupt ein Heiliger? Er starb vor Jesus Christus, hat also das allmähliche Entstehen der Kirche gar nicht mitbekommen. Als Heiliger wird er aber doch verehrt, weil er, übrigens ein Verwandter Jesu, nach den Evangelien als Vorläufer und Wegbereiter auf diesen als Sohn Gottes und Menschensohn hingewiesen hat. Die Geschichtlichkeit des Johannes ist aber auch durch Flavius Josephus belegt, der ihn als Asketen sieht, ein Nasiräer nach den Vorschriften der Thora. Auch wird berichtet, Johannes habe die Juden zu Reinigungsbädern aufgefordert. Es fehlt die Erwähnung seiner Taufen im Jordan als Zeichen der Umkehr, wie sie die urchristlichen Texte – natürlich im Blick auf die Taufe im Christentum – erwähnen.

Nach Angaben der Bibel war Johannes der Täufer etwa sechs Monate älter als Jesus (Lk 1, 26) und Sohn eines Priesters. Von seiner Jugend oder einer Ausbildung wissen wir nichts. Ab etwa 28 n. Chr. wirkte er in Galiläa und Judäa als Bußprediger. Der Islam sieht in ihm den drittletzten Propheten Allahs vor Isa ibn Maryam (= Jesus) und Mohammed (Sure 3, 39).

Hauptort der Tätigkeit des Johannes war das damalige Peräa auf der anderen Seite des Jordans gegenüber von Jericho. Nach Angabe der Bibel soll er sich nur von Heuschrecken und wildem Honig ernährt haben – das Matthäus-Evangelium sah ihn nicht nur als knochenharten Asketen, sondern als übermenschlich, denn nach diesem Text aß und trank der Täufer gar nichts. Einige Anhänger Jesu folgten zuvor dem Täufer; Jesus selbst hat sich von Johannes taufen lassen und Jesus und seine Jünger haben selbst am Jordan getauft (Joh 3, 22). Nach dem Tod des Johannes haben einige Anhänger an seiner Person und Lehre unter dem Namen Mandäer festgehalten, andere haben sich Jesus Christus angeschlossen (Apg 19, 1-7).

NACH ANGABE DER BIBEL SOLL ER SICH NUR VON HEUSCHRECKEN UND WILDEM HONIG ERNÄHRT HABEN – DAS MATTHÄUS-EVANGELIUM SAH IHN NICHT NUR ALS KNOCHENHARTEN ASKETEN, SONDERN ALS ÜBERMENSCHLICH, DENN NACH DIESEM TEXT ASS UND TRANK DER TÄUFER GAR NICHTS.

Der Konflikt, in dessen Folge Johannes getötet wurde, betrifft die damals höchsten Kreise. Herodes Antipas (um 20 v. Chr. – um 39 n. Chr.), zweiter Sohn Herodes des Großen mit dessen vierter Ehefrau, herrschte als Tetrarch in Galiläa und Peräa, war also einer von vier Regenten. Herodes Antipas verliebte sich in seine Schwägerin und Nichte Herodias, Frau seines Halbbruders Herodes Boethos. Herodias verließ ihren Mann und zog zu Herodes Antipas; der wiederum verstieß seine erste Frau Phasaelis, Tochter von Aretas IV. Philopatris, König der Nabatäer. Dieser doppelte Ehebruch hatte zwei Folgen: Zum einen

Johannes der Täufer

JOHANNES DER TÄUFER

brachte der gekränkte Schwiegervater, der König der Nabatäer, in einem schon länger schwelenden Grenzkonflikt, der nun zu einem Grenzkrieg ausartete, Herodes Antipas eine empfindliche Niederlage bei. Zum anderen nahmen die Juden Anstoß am ehebrecherischen Verhalten des Tetrarchen. Nach biblischen Angaben hat Johannes der Täufer Herodes Antipas den doppelten Ehebruch öffentlich vorgehalten und wurde darauf verhaftet und auf die Bergfestung Machaerus, auf einem kegelförmigen Berg östlich des Toten Meeres, gebracht.

Nach Angaben des jüdischen Historikers Flavius Josephus wurde Johannes hingerichtet, weil Herodes Antipas vorsorglich verhindern wollte, dass Johannes zum Anführer einer Rebellion gegen ihn werden könnte. Hier werden also, im Gegensatz zu den biblischen Angaben, politische Motive unterstellt. Dazu passt, dass die Juden jener Zeit die Niederlage des Herodes Antipas im Krieg mit seinem Schwiegervater als Strafe Gottes ansahen. So weit die bekannten Fakten.

Nach Angaben des jüdischen Historikers Flavius Josephus wurde Johannes hingerichtet, weil Herodes Antipas vorsorglich verhindern wollte, dass Johannes zum Anführer einer Rebellion gegen ihn werden könnte.

Die Legende füllt nun die Fakten auf mit unbekannten Facetten, also mit dem, was nur die Legendenschreiber wissen (wollen). Die Legende weiß: Die Hinrichtung des Johannes war eine abgefeimte Sache. Zwar war er von Herodes Antipas eingelocht worden, weil dieser die Vorwürfe des Johannes nicht mehr hören wollte, er hatte aber zugleich Angst davor, dass die Anhänger des Johannes Unfrieden stifteten. Was tun? Die Intrige wird beatmet. Der Vierfürst Herodes Antipas wollte bald Geburtstag feiern. Bei dieser Gelegenheit sollte die Tochter seiner Geliebten, einige nennen sie bezeichnend Salome, vor ihm tanzen. Wenn sie das täte, wolle er mit einem Eid beschwören, sie könne alles von ihm haben, was sie sich wünsche. Sie solle aber, so die Absprache, das Haupt des Täufers verlangen. Scheinheilig könne der Vierfürst dann bekennen, dass er den Tod des Johannes nicht wolle, aber leider an den Eid gebunden sei. Es geschah, wie mit List eingefädelt. Johannes der Täufer wurde enthauptet. Sein Kopf auf einer Schüssel der Tochter übergeben.

Kurz: Der Held der Tugend steht für die Wahrheit, knickt nicht ein, unterwirft sich der Hinrichtung und steht – im Nachhinein – als moralischer Sieger da.

Johannes Chrysostomus sah im Täufer eine Schule der Tugenden, eine Unterweisung des Lebens, eine Gestalt der Heiligkeit, eine Richtschnur der Gerechtigkeit, einen Spiegel der Jungfräulichkeit, einen Name der Schamhaftigkeit, ein Vorbild der Reinheit, einen Weg der Buße, eine Vergebung den Sündern, eine Erziehung zum Glauben. Kurz: Der Held der Tugend steht für die Wahrheit, knickt nicht ein, unterwirft sich der Hinrichtung und steht – im Nachhinein – als moralischer Sieger da.

Der letzte Prophet des Ersten Testamentes, der Vorläufer Jesu, wird von den Christen selbstverständlich als christlicher Märtyrer und Heiliger anerkannt und verehrt.

Reliquien eines solchen Premium-Heiligen zu besitzen war sicher eine Versuchung für jede Kirche. Allein den Kopf des Täufers gibt es dreimal: in San Silvestro in Capite zu Rom, der Kathedrale von Amien und in der früheren Johanniskathedrale, der heutigen Omayadden-Moschee in Damaskus. Auch der 2010 ausgegrabene Altar des ehemaligen kaiserlichen Johannes der Täufer Klosters auf der Schwarzmeerinsel Sweti Iwan enthielt ein mit „Johannes der Täufer" beschriftetes Reliquienkästchen. Nach einer an den Universitäten Oxford und Kopenhagen durchgeführten DNA-Analyse datieren die Zahn-, Hand-, Fuß- und Kieferknochen ins 1. Jahrhundert nach Christus.

Wer meint, ein Märtyrer, der seinen Kopf zum Beispiel bei der Enthauptung verliert, hätte keine Gewalt mehr darüber, wird durch die Legenden eines Besseren belehrt, vgl. zum Beispiel den heiligen

Dionysius. Auch Johannes der Täufer erwirbt aberwitzigerweise durch seinen abgetrennten Kopf ein Patronat, nämlich das gegen Kopfschmerzen. Unseren Vorfahren halfen bei solchen nämlich nicht Aspirin, vergleichbare Pillen oder Tropfen. Es war die Johannesschüssel, ein Teller mit dem Haupt des heiligen Täufers, das die Geplagten anschauen oder sogar anfassen durften. Ganz ohne Nebenwirkungen. Johannesschüsseln, aus denen einen der abgeschlagene Kopf des Heiligen, ins Zeitlose schauend, still leidend anblickt, mögen die mit Kopfschmerz Geplagten vielleicht daran erinnert haben: Et hätt ja noch viel schlimmer komme könne! Neben der erflehten Fürsprache des Heiligen hat diese Erkenntnis sicher auch schon heilende Wirkung gehabt.

Johannesschüsseln, aus denen einen der abgeschlagene Kopf des Heiligen, ins Zeitlose schauend, still leidend anblickt, mögen die mit Kopfschmerz Geplagten vielleicht daran erinnert haben: Et hätt ja noch viel schlimmer komme könne!

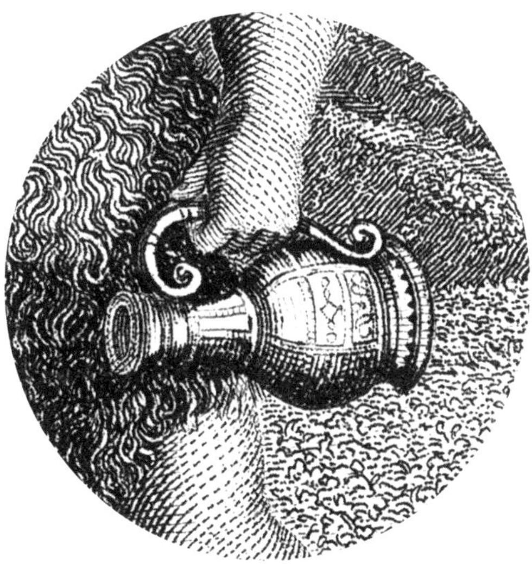

3. Juli

Thomas

Von einem Zweifler, der zu einem glühenden Missionar wurde

Der Apostel Thomas trägt einen aus dem Aramäischen abgeleiteten Namen, der „Zwilling" bedeutet, weshalb er im Zweiten Testament auch griechisch *Didymos*, Zwilling, genannt wird (Joh 11, 16). Unter den Aposteln gilt er als der „Zweifler", weil er bei dem Erscheinen Jesu nach seinem Tode (Joh 20) nicht anwesend war und deshalb nicht an die Auferstehung glauben wollte. Erst wenn er seine Hand in die Wunden des Herrn legen könne, wolle er glauben. Bekanntlich geschah es so, was den Evangelisten motivierte, Jesus sagen zu lassen: „Weil du mich gesehen hast, glaubst du. Selig, die nicht sehen und doch glauben" (Joh 20, 29). Diese Begebenheit machte ihn zum „ungläubigen Thomas", eine Redewendung, die sich noch in unserem Sprachschatz befindet.

Spätere Legenden setzen hier noch einen drauf. Thomas habe auch die leibliche Aufnahme der Gottesmutter Maria bezweifelt. Diese habe ihre Himmelfahrt aber dadurch bezeugt, dass sie dem Thomas vor Zeugen aus dem Himmel ihren Gürtel habe zukommen lassen. Zwillinge scheinen zweimal zu zweifeln. Und wenn ein Leser zweifelt, so kann er die sogenannte Gürtelspende im Dom von Prato in Italien bewundern, wo sie seit 1365 aufbewahrt wird.

St. Thomas

Mitte des 2. Jahrhunderts zählt der Gnostiker Herakleon Thomas noch unwidersprochen zu denen, die kein Martyrium erlitten haben. Der älteste Beleg für eine Missionstätigkeit des Apostels Thomas in Indien findet sich in der „Didache“, einer frühchristlichen Schrift (ca. 150 – 180 oder 80 – 100 n. Chr.). Berichtet wird: Thomas habe in Indien die Kirche gegründet. Einhundert Jahre später berichten die „Thomasakten“, eine apokryphe (= nicht in den Kanon der Heiligen Schrift aufgenommene Schrift) Apostelgeschichte, das Gleiche, malen das Ganze aber fantasievoll aus. Hier wird erstmals der Apostel mit einem Martyrium verbunden. Origines (185 – um 254) konkretisiert: Thomas habe zuerst im Irak und Iran missioniert und sei bis Südindien gekommen, wo er in den 70er Jahren bei Mailapur wegen seiner missionarischen Tätigkeit getötet worden sei. Ähnliche Belege liefern Hieronymus (347 – 420), Gaudentius von Brescia (407) und Paulinus von Nola (354 – 431). Gregor von Tours (538 – 594) weiß zusätzlich, dass Thomas lange Zeit in Indien begraben war und seine Reliquien im 5. Jahrhundert nach Edessa (heute: Urfa in der Türkei) überführt wurden, seine ursprüngliche Grabstätte in Indien aber weiter verehrt werde. Das weiß auch Isidor von Sevilla (560 – 636), der zudem das Martyrium des Thomas in Indien beschreibt. Auch die Überlieferung der „Thomaschristen“ in Indien bestätigt diese Fakten.

Thomas habe zuerst im Irak und Iran missioniert und sei bis Südindien gekommen, wo er in den 70er Jahren bei Mailapur wegen seiner missionarischen Tätigkeit getötet worden sei.

Für die Thomas-Reliquien wurde in Edessa die Apostelkirche gebaut. Der angebliche Schädel des Thomas soll sich in der Sioni-Kathedrale in Tiflis (Georgien) befinden. Der größte Teil der Reliquien ist heute in Ortona in Italien, wohin er von Kreuzfahrern in Edessa „gerettet“ wurde. Von hier aus reichte Papst Pius XII. 1952 den Christen Indiens zum 1.900 Jahrestag der Ankunft von Thomas in Indien

(52 n. Chr.) die Hand; allerdings war es nicht die Hand des Papstes, sondern die Hand der Reliquien aus Ortona.

In Indien zieht die St. Thomas-Basilika an der Stelle des Apostelgrabes in Mylapore (Stadtteil von Chennai) die Menschen genauso an wie die Kirche auf dem St. Thomas Mount bei Chennai, dem angeblichen Ort seines Martyriums.

Die Überlieferung zeigt, dass das Wissen um die biografischen Fakten des Thomas über die Jahrhunderte überliefert wurde, die legendarische Ausmalung des Wirkens und Sterbens des Heiligen im 2. Jahrhundert begann, im 5./6. Jahrhundert aber prosperierte. Danach zieht Thomas missionierend durch Indien und predigt. Er sprach, so berichtet die „Legenda aurea", von der Unseligkeit dieses Lebens: „Dieses Leben ist gar elend, und allen Zufällen preisgegeben, und ist also betrüglich, dass es vergeht und flieht, so man es meint zu halten." Er ermahnte seine Zuhörer, Gottes Wort gern zu hören und zwar aus vier Ursachen. Er verglich das Wort Gottes mit vier Dingen: einer Augensalbe, denn es erleuchtet die Augen unseres Geistes; einem Trank, denn es reinigt unseren Willen von allen fleischlichen Begierden; mit einem Pflaster, denn es heilt die Wunden unserer Sünden; mit einer Speise, denn es speist uns mit göttlicher Liebe. Aber so, wie diese vier Dinge einem Kranken nichts nützten, er nehme sie denn mit Fleiß zu sich, so hilft das Wort Gottes nicht, wenn man es nicht mit Andacht hört. Migdonia, die Ehefrau von Carisius, einem engen Freund des Königs, die die Predigt des Thomas gehört hatte, wurde gläubig und verschmähte von nun an das gemeinsame Ehebett. Carisius ließ Thomas ergreifen und in einen Kerker werfen.

Er verglich das Wort Gottes mit vier Dingen: einer Augensalbe, denn es erleuchtet die Augen unseres Geistes; einem Trank, denn es reinigt unseren Willen von allen fleischlichen Begierden; mit einem Pflaster, denn es heilt die Wunden unserer Sünden; mit einer Speise, denn es speist uns mit göttlicher Liebe.

Migdonia besuchte Thomas im Kerker und bat um Vergebung, weil er um ihretwillen gefangen gesetzt worden war. Er aber sprach: „Ich leide alles williglich.“ Carisius bat den König, dessen Frau zu der seinen zu senden, um deren Sinn zu wenden, denn die beiden Frauen waren leibliche Schwestern. Die Königin ging zu ihrer Schwester, bekehrte aber nicht diese, sondern sich selbst und sagte: „Verflucht sind die von Gott, die solchen Werken und Zeichen nicht glauben.“ Der Heilige setzte aus dem Kerker seine Mission fort und lehrte drei Dinge: Dass sie die Kirche lieb hätten, dass sie die Priester ehrten und dass sie gerne kämen, Gottes Wort zu hören.

MIGDONIA BESUCHTE THOMAS IM KERKER UND BAT UM VERGEBUNG, WEIL ER UM IHRETWILLEN GEFANGEN GESETZT WORDEN WAR. ER ABER SPRACH: „ICH LEIDE ALLES WILLIGLICH.“

Der König war überhaupt nicht begeistert, als er von seiner Frau erfuhr, dass sie ihm nicht mehr zu Willen sein wollte. Er ließ Thomas gebunden vorführen und verlangte von ihm, er solle den Frauen raten, wieder zu ihren Männern zu gehen. Thomas weigerte sich, denn solange die Männer der Frauen „im unrechten Glauben“ seien, dürften die Frauen ihnen nicht zu Willen sein.

Jetzt wurde der König zornig, ließ glühende eiserne Platten bringen und Thomas daraufstellen. Durch Gottes Gewalt entsprang aber an der gleichen Stelle eine Quelle, die die glühenden Platten abkühlte. Der König ließ Thomas nun in einen glühenden Ofen werfen, für Thomas aber war der so kühl, dass er am folgenden Tag gesund aus ihm hervorkam. Dem König wurde geraten: „Lass ihn dem Sonnengott opfern, so wird sein Gott wider ihn erzürnt, der ihn bis jetzt von der Pein erlöst hat.“ Thomas reagierte darauf: „Du glaubst, mein Gott werde über mich zürnen, wenn ich deinen Gott anbete? Du sollst sehen, dass er mehr über deinen Gott zürnen und ihn verderben wird. Ich will deinem Gott opfern. Zerstört ihn mein Gott nicht, wenn ich ihn anbete, so will ich an ihn glauben. Zerstört aber mein Gott den deinen, so sollst du meinen anbeten." Die Legendenschreiber drücken es vorsichtiger aus, aber wir würden heute sagen, dem König fiel der Kinnladen herab, weil sich Thomas mit ihm, dem König, gleichstellte.

Thomas gebot dem Teufel, der sich in dem Götterbild befand, sobald er, Thomas, sein Knie vor dem Bild beuge, das Götterbild zu zerstören. Und als er niederkniete, betete er laut: „Seht, ich bete an, aber nicht dieses Erz, dieses Bild, sondern meinen Gott und Herrn Jesus Christus. In dessen Namen befehle ich dir, böser Geist, der du in diesem Bild wohnst, dass du diesen Abgott zerstörst." Und der Abgott zerschmolz, als ob er aus Wachs sei. Die Priester des Tempels schrien auf und ihr Oberpriester nahm sein Schwert und erstach den heiligen Thomas. Dabei rief er: „So räche ich meinen Gott!" Der König und Carisius aber flohen, als sie sahen, dass das Volk den Tod des Thomas rächen und den Oberpriester lebendig verbrennen wollte. Die Christen begruben Thomas mit großen Ehren.

„Seht, ich bete an, aber nicht dieses Erz, dieses Bild, sondern meinen Gott und Herrn Jesus Christus. In dessen Namen befehle ich dir, böser Geist, der du in diesem Bild wohnst, dass du diesen Abgott zerstörst."

Die Legende endet aber nicht mit dem Tod des heiligen Thomas, sondern erzählt weiter, zweihundertdreißig Jahre nach dem Tod des Thomas (72 n. Chr.), also um 300 hätte das Volk von Syrien den Kaiser Alexander (wer damit gemeint ist, bleibt offen) gebeten, die Reliquien des Thomas in jene Stadt zu bringen, die später Edessa genannt wurde. In dieser Stadt kann seitdem „kein Heide, kein Jude und kein Ketzer leben, noch ein Tyrann ihr Schaden antun". Doch es kommt noch besser: Dem König dieser Stadt wurde ein Brief von Christus selbst geschrieben gesandt. Wenn Feinde vor die Stadt ziehen, stellt man ein getauftes Kind auf das Stadttor und lässt es den Brief lesen, den der Herr geschrieben hat. Die Feinde fliehen noch am gleichen Tag oder machen Frieden, „von der Kraft des Briefes und Sankt Thomas Gnaden".

Isidor lässt Thomas durch Speere sterben, Chrysostomus lässt ihn die Heiligen Drei Könige treffen, die er taufte.

Der zweifelnde Apostel, der zum glühenden und überzeugenden Missionar wird, mit Todesverachtung seinen Glauben bezeugt, jeder Folter trotzt und von einem heidnischen Priester gemeuchelt wird. Was für ein Typ!

Sein alter Festtag, der Thomastag und besonders die Thomasnacht, also der Vorabend des 21. Dezembers, der wiederum der Gedenktag der Reliquientranslation nach Edessa war, ist mit zahlreichen Bräuchen belegt. Das Brauchtum wird vorwiegend von der Wintersonnwende geprägt, gilt als Schicksalsnacht und war verbunden mit Orakelbrauchtum, besonders mit Liebes- und Eheorakeln. Die Nacht galt auch als erste der Rau(ch)nächte, die anfällig war für umgehende Geister und Dämonen. Dazu zählte auch der böse Gegenspieler des heiligen Thomas, das blutige Thomerl.

Das Brauchtum wird vorwiegend von der Wintersonnwende geprägt, gilt als Schicksalsnacht und war verbunden mit Orakelbrauchtum, besonders mit Liebes- und Eheorakeln.

Wenn der Apostel auch alle Anforderungen des 5. und 6. Jahrhunderts an Märtyrer erfüllt, die in seine Legende hineingeschrieben wurden, verblutet er nicht wie manch andere Mitmärtyrer in Strömen von Blut. Vielleicht ist deshalb sein Gegenspieler im Brauchtum das blutige Thomerl.

20. JULI

MARGARETA VON ANTIOCHIA

SCHÖNE FRAUEN HABEN ES SCHWER, VOR ALLEM, WENN SIE AUCH NOCH FROMM SIND

Margareta, Jungfrau und Märtyrerin, soll in Pisidien (Landschaft im westlichen Taurusgebirge im Süden Kleinasiens) geboren und um 305 gestorben sein. Um ihr Leben ranken sich Legenden, die sich in zwei Varianten beschreiben lassen.

Als Tochter eines heidnischen Priesters wurde sie von einer christlichen Amme erzogen. Sie „sog zugleich mit der Milch auch die übernatürliche Liebe zu Jesus Christus ein“, erklärt im 19. Jahrhundert eine Legendenfassung. Nach Jahren erst erfuhr ihr Vater Adesius von ihrem christlichen Glauben. Er denunzierte sie beim Stadtpräfekten. Vor Gericht gestellt, fühlte sich der Richter zu ihr hingezogen. Weil sie ihn aber abwies, fiel die Folter umso grausamer aus. Margareta wurde mit Feuer gefoltert und in Öl gebraten. Weil ihr diese Folter nichts antun konnte, sie unverletzt blieb, kam es zu Massentaufen und zu ihrem Tod durch Enthauptung.

Ein anderer Legendenstrang sieht sie als Schäferin, die vom Stadtpräfekten Olybris begehrt wurde, den sie aber zurückwies. Das brachte sie in Haft, wo sie mit eisernen Kämmen und brennenden Fackeln gefoltert wurde. Weil ihre Wunden immer wieder heilten, waren viele Bekehrungen die Folge. Zu der zweiten Legendentradition gehört ein Einschub: Im Gefängnis tauchte ein riesiger Drache auf (manchmal der verwandelte Stadtpräfekt), um sie zu verschlingen. Gerettet wurde sie durch ein Kreuzzeichen, das sie schlug. Zu ihrer Hinrichtung geführt, betete sie für ihre Verfolger und diejenigen, die sich einmal an sie wenden würden, vor allem aber für Schwangere und Gebärende. Margareta wurde schließlich enthauptet.

Ein Teil der Legenden macht aus den zwei Strängen einen einzigen. Interessant sind jene Einlagen, in denen zitiert wird, was die Heilige gebetet hat oder was ihr ein Engel mitteilte. Das hat schon etwas von „BILD sprach zuerst mit der Toten". So heißt es, als klargelegt wird, Margareta habe sich „längst vor der Verfolgung ganz ihrem himmlischen Bräutigam mit Leib und Seele geopfert": „Oft betete das heilige Kind folgendes schönes Gebet: O Herr Jesu Christi, Du Kraft und Leben der Heiligen, Du Tröster der Trauernden, der Du jene nie verlässest, welche auf Dich hoffen, stärke mich, deine kleine Dienerin, damit, wenn je die Macht des Tyrannen über mich kommt, mich ergreift und meinen Körper ganz und gar zerfleischt – deine Magd nicht aus Furcht vor den Peinen abfalle."

Der Verfasser dieser Legendenausgabe scheint nicht nur für dieses Gebet die Exklusivrechte erworben zu haben. Denn: Ihre Heilung nach der Folter vollzog ein Engel, „und sprach die tröstlichen Worte: Freue dich, getreue Jungfrau, juble, du glorwürdige Märtyrin, die du durch die vielen Qualen deine Verachtung gegen die falschen Götter vollkommen bewiesen und die Glorie des christlichen Namens freimüthig verkündet hast. Siehe, du wirst die Gnade haben, durch die Marter zu den ewigen Freuden zu gelangen." Und als ob diese intimen

St. Margareta von Antiochia

Äußerungen noch nicht ausreichend wären, lässt dieser Legendenschreiber noch ein schreckliches Erdbeben entstehen und vom Himmel eine Stimme erschallen, die von allem Volk gehört wurde: „Komme, du Braut Christi! Gehe ein in die Wohnung der Heiligen, empfange die Krone der ewigen Glorie."

Das nennt man Pathos! Jungfräulichkeit und Glauben werden zu einem pathetischen Opus inszeniert, das fast vergessen macht, dass der Auslöser für die Foltern und den Tod die Schönheit der Margareta und die sexuellen Lüste des Richters und des Stadtpräfekten sind.

Das Böse beziehungsweise der böse Stadtpräfekt in Gestalt eines Drachen – das gab es doch schon einmal? – werden durch ein Kreuzzeichen besiegt. Und der Engel, der offensichtlich bei Petrus seine Kerkerbesuche aufgenommen hatte, den er allerdings auch befreite (Apg 12, 1–19), heilt und tröstet Margareta und verheißt ihr den Eintritt in das Paradies.

„KOMME, DU BRAUT CHRISTI! GEHE EIN IN DIE WOHNUNG DER HEILIGEN, EMPFANGE DIE KRONE DER EWIGEN GLORIE."

Auch ein anderes Element ist ein Standard frommer Legenden: Auf dem Weg zur eigenen Hinrichtung, quasi erst in der Rolle einer Heiligen in spe, schon daran zu denken – und durch fromme Legendenschreiber mitteilen zu lassen –, für wen oder was man sich denn später im Himmel anrufen lassen will. Immerhin, die gewählte Zielgruppe, Schwangere und Gebärende, waren in vorhygienischen Zeiten eine wirkliche Problemgruppe, die echte Hilfe notwendig hatte. Dieser irdisch geplante himmlische Einsatz verschaffte Margareta auch den Zugang zu einer besonderen Mädchen-Gang, den „drei heiligen Madl", zu der noch die Heiligen Barbara und Katharina gehören. Als wäre das nicht schon genug, die drei sind auch noch Mitglieder der Vierzehn Nothelfer, einem Heils-Trust, der für jeden Flehenden etwas zu bieten hat, eine Art Wunderwaffe gegen alles irdische Unheil.

Heute ist der 20. Juli Margaretas Gedenktag. Es war einmal der 13. Juli, der Tag, an dem früher die Bauern mit der Ernte begannen. Das war wohl nicht unerheblich dafür, dass Margareta Schutzpatronin der Bauern wurde, natürlich für Jungfrauen, Schwangerschaft, Gebärende, Geburt und Ammen zuständig. Sie wurde auch bei Unfruchtbarkeit angerufen, bei Wunden, Gesichtskrankheiten und zum Schutz „gegen Unholde aus der Tiefe des Wassers" sowie von Menschen, die um die Verzeihung ihrer Sünden bitten. Ein ziemlich volles Programm.

Klar doch, ein solches Schätzchen allen Heils konnten sich die Christen nicht entgehen lassen. Zwar wurden ihre Reliquien erst seit 1185 in Montefiascone in der Toskana verehrt, obwohl die Legenden seit dem 7. Jahrhundert aus dem Osten in den Westen gekommen waren, aber die Heilige startete im Mittelalter kräftig durch.

Margareta ist abgeleitet vom altgriechischen *margarites* = Perle und war bis zu Beginn des 20. Jahrhunderts einer der beliebtesten weiblichen Vornamen.

Margareta ist abgeleitet vom altgriechischen „margarites" = Perle und war bis zu Beginn des 20. Jahrhunderts einer der beliebtesten weiblichen Vornamen.

Bekannt sind noch Greta Garbo oder Maggi Thatcher. Fausts Gretchen oder der weibliche Teil von „Hänsel und Gretel" bewahren die Erinnerung an den Namen ebenso wie die Todesfuge von Paul Celan, in der es heißt: „dein goldenes Haar Margarete, dein aschenes Haar Sulamith".

Margretchen, Margita, Meret, Mette, Märta, Gesche, Gitta, Greta, Gretchen, Gritt, Meta oder Rita sind nur einige Namensvarianten. Jeder Kölner kennt die Erzählung von „Jan un Griet". Der Griet, der jener junge Knecht nicht gut genug war, dem sie dann später als Reitergeneral Johann Graf von Werth (1591 – 1652) in Köln noch einmal begegnete.

St. Pantaleon

27. Juli

Pantaleon

Von einem, der statt Blut Milch bluten konnte

Eine Gestalt dieses Namens ist heute vielen Menschen am ehesten durch den Karneval in Venedig bekannt, wo Pantaleone einen Maskentyp darstellt. San Pantaleone aber, der heilige Pantaleon, ist der Namengeber.

Über einen Panteeleimon oder Pantaleimon, der in der Mitte des 3. Jahrhunderts in Nikomedia (heute: Izmit in der Türkei) geboren und am 27. Juli 305 hingerichtet worden sein soll, gibt es keine gesicherten Angaben. Sein Kult ist seit dem zweiten Viertel des 5. Jahrhunderts belegt. Seine Märtyrerlegende datiert in das 5./6. Jahrhundert.

Nach dieser Legende war Pantaleon der Sohn eines Heiden und einer christlichen Mutter. Er wurde durch den Priester Hermolaos, der später mit ihm das Martyrium erlitt, im Christentum unterwiesen und getauft. Der Taufe voraus ging ein Wunder, das ihn überzeugte: Es gelang ihm, ein durch den Biss einer Schlange verstorbenes Kind durch sein Gebet wiederzuerwecken. Als Getaufter machte er einen Blinden durch sein Gebet wieder sehend, was auch seinen Vater überzeugte, der sich gleichfalls taufen ließ. Pantaleon wurde Schüler des kaiserlichen Leibarztes Euphrosynos, erregte aber durch seine Wundertätigkeit den Neid der ärztlichen Kollegen, die ihn bei Kaiser Maximianus (286 – 305) denunzierten. Infolgedessen fand zwischen

Pantaleon und den heidnischen Ärzten vor den Augen des Kaisers, der wohl nichts Besseres zu tun hatte, ein Wettstreit um die Heilung eines Lahmen statt. Pantaleon brachte ihn im Namen Jesu Christi wieder zum Gehen.

Falls ein geneigter Leser an dieser Stelle den Bezug zum Zweiten Testament noch nicht erkannt haben sollte: Bei Mt 11, 5 heißt es über Christus, in dessen Namen nun Pantaleon agiert: „Blinde sehen wieder und Lahme gehen; Aussätzige werden rein und Taube hören; Tote stehen auf und den Armen wird das Evangelium verkündet."

Der Kaiser, offensichtlich nicht beeindruckt, was natürlich nur seiner heidnischen Verblendung zuzuschreiben ist, befahl, Pantaleon zu martern. Das vorgesehene volle Programm war nicht übel, aber: Der Löwe griff Pantaleon in der Arena nicht an; das Schwert des Henkers, den Pantaleon – mal eben kurz zuvor bekehrt hatte – blieb stumpf. Pantaleon widerstand den Nägeln, mit denen man ihn zerfleischte, dem Feuer, mit dem man ihn brannte und dem glühend-flüssigen Blei, in das man ihn tauchte. Als man ihn auf ein Rad flocht und den Berg hinabrollen ließ, blieb er unverletzt. Da ließ der Kaiser seine Soldaten rufen, die ihn an einen Baum fesselten, seine Hände auf dem Kopf festnagelten – eine absolut wirksame Methode, um nach dem Martyrium Patron gegen Kopfschmerzen zu werden – und ihn enthaupten sollten.

DER LÖWE GRIFF PANTALEON IN DER ARENA NICHT AN; DAS SCHWERT DES HENKERS, DEN PANTALEON – MAL EBEN KURZ ZUVOR BEKEHRT HATTE – BLIEB STUMPF.

An dieser dramatischen Stelle erfolgt noch eine Steigerung. Pantaleon bat Gott um Barmherzigkeit gegenüber seinen Folterknechten. Und, ähnlich der Taufe Jesu im Jordan, erscholl aus dem Himmel eine Stimme, die ihn „Allerbarmer" (= griechisch *Panteeleimon*) nannte, weil durch ihn viele Erbarmen finden würden. Nach seiner Enthauptung, die aus dramaturgischen Gründen an dieser Stelle der Entwicklung der Legende unumgänglich war, floss aus den Wunden statt Blut Milch. Und selbstverständlich war der Todesbaum plötzlich mit Früchten überladen. Die Soldaten, die Pantaleon zum Schluss verehrten, hatte er regelrecht drängen müssen, ihre Killeraufgabe durchzuführen. Sie kehrten auch nicht wieder in den Dienst des Kaisers zurück. Das Milch-/Blutwunder wiederum löste die Verehrung des Heiligen in Form von Blutampullen aus, in denen sich (zum Beispiel in Ravello) das Blut bei bestimmten Gelegenheiten verflüssigt.

So einen Typ reiht man am Besten in die Schar der Nothelfer ein. Man kann ja nie wissen. Als einer der Vierzehn Nothelfer hat er sein eigenes Aufgabengebiet: Patron der Ärzte, Hebammen, allzuständig bei Krankheiten von Vieh und Mensch – die gewählte Reihenfolge der Zielgruppen gibt ihre alte Bedeutung wieder – und besonders gegen Kopfschmerzen.

Nach seiner Enthauptung, die aus dramaturgischen Gründen an dieser Stelle der Entwicklung der Legende unumgänglich war, floss aus den Wunden statt Blut Milch.

Wir wissen heute, dass die erste Reliquienübertragung 807 von Tunis nach Lyon stattfand. Weitere Reliquien kamen aus Rom und Konstantinopel und fanden ihren Weg im 10. Jahrhundert nach Köln und Verdun.

Und wie stellt man so einen dar? Am besten mit den Attributen, die ihn unverwechselbar machen, mit auf den Kopf genagelten Händen. Migräne- und Kopfschmerzkranke erkennen sich ohne fremde Hilfe wieder und wissen: Der Heilige versteht wenigstens, wovon ich rede, wenn ich ihn um Hilfe anrufe!

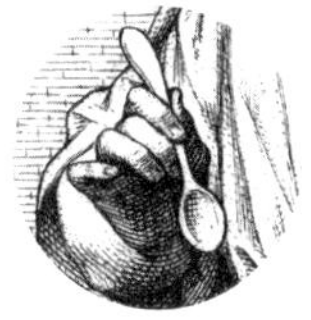

St. Bartholomäus

24. August

Bartholomäus

Wo Barthel den Most holt

Sankt Bartholomä am Königssee gehört zu den Romantikzielen deutscher Touristen. Dass der Frankfurter Dom auch dem heiligen Bartholomä geweiht ist, weiß vielleicht nur ein kleiner Teil der Frankfurter. Kinder dagegen kennen ihn sicher, wenn auch nur in der Figur des sackgesichtigen Beutolomäus im Kinderkanal.

Bartholomäus wird im Zweiten Testament zu den Jüngern und Aposteln gezählt (Mk 3, 14-19). Die Tradition setzt ihn gleich mit Natanaël, dessen Berufung das Johannesevangelium berichtet (1, 45-50). Dann wäre sein Name „Natanaël Bar-Tolmai" gewesen, der zuvor Schüler eines Schriftgelehrten oder gar selbst Schriftgelehrter war.

Da wir keine historisch belastbaren Fakten von diesem Apostel kennen, ist es nicht verwunderlich, dass die Legenden Abhilfe geschaffen haben. Sie malen einen missionarisch erfolgreichen, bluttriefenden Märtyrer, der die Foltermethoden zumindest um eine einprägsame Variante erweitert.

Bartholomäus zog nach Jesu Himmelfahrt „gen Indien, welches ist an dem Ende der Welt", notiert die „Legenda aurea". Dort kam er in einen Tempel, der dem Gott Astaroth gewidmet war, einem bösen Geist. Der versprach alle Krankheiten zu heilen, heilte sie aber nicht, sondern nutzte seinen Ruf, um die Leute zu peinigen. – Wer hier eine

Parallele zur modernen Medizin erkennt, lässt den nötigen Ernst vermissen. – Plötzlich gab das Götzenbild keine Antwort mehr. Die Leute wandten sich ab und einem Götzen in einer anderen Stadt zu. Der hieß Berith. Gefragt, was mit Astaroth los sei, antwortete Berith: „Euer Gott ist mit feurigen Ketten gebunden, dass er nimmer atmen noch sprechen mag von der Stunde an, da Bartholomäus der Apostel Gottes in den Tempel ist getreten."

„SEIN HAAR IST SCHWARZ UND KRAUS, SEINE HAUT WEISS, SEINE AUGEN GROSS, SEINE NASE GLEICH UND GERAD, SEIN BART IST LANG, MIT ETLICHEN GRAUEN HAAREN UNTERMISCHT, SEINE GESTALT EBENMÄSSIG; ER HAT EIN WEISSES KLEID AN MIT PURPUR GESÄUMT, DARÜBER HAT ER EINEN WEISSEN MANTEL, DER IST AN DEN ZIPFELN MIT PURPURNEN STEINEN GEZIERT ..."

Auf die Frage, wer denn dieser Bartholomäus sei, antwortet der Götze: „Er ist ein Freund des allmächtigen Gottes und ist in dieses Land gekommen, dass er die Götter Indiens alle zerstöre." Gebeten, Bartholomäus zu beschreiben, fährt Berith fort: „Sein Haar ist schwarz und kraus, seine Haut weiß, seine Augen groß, seine Nase gleich und gerad, sein Bart ist lang, mit etlichen grauen Haaren untermischt, seine Gestalt ebenmäßig; er hat ein weißes Kleid an mit Purpur gesäumt, darüber hat er einen weißen Mantel, der ist an den Zipfeln mit purpurnen Steinen geziert. Sechsundzwanzig Jahre trägt er sein Kleid und seine Schuh, dass sie nicht alt noch unrein werden. Er spricht alle Tage zu hundert Malen sein Gebet auf den Knien und also oft des Nachts. Engel wandeln mit ihm alle Zeit und machen, dass er nicht müde wird noch hungrig. Sein Antlitz ist immerdar fröhlich, und heiter sein Sinn; er sieht alles voraus, er weiß alles; er kann aller Völker Zungen; und was ich hier mit euch rede, das weiß er alles. Suchet ihr ihn, so wird er sich lassen sehen, wenn er will; will er aber nicht, so mögt ihr ihn nimmermehr finden. Doch bitt ich euch, so ihr ihn findet, flehet ihn an, dass er nicht hierher komme, und seine Engel mir nicht tun, wie sie mit meinem Gesellen haben getan."

Die Leute suchten einige Tage nach dem Apostel und konnten ihn nicht finden. Aber eines Tages schrie ein Besessener auf: „O Bartholomäus , du Apostel Gottes, deine Gebete brennen mich gar sehr!" Bartholomäus antwortete: „Schweig, du böser Geist und fahre aus diesem Menschen." Und der Mensch war erlöst.

Als das der König des Landes, Polymios, hörte, der eine mondsüchtige Tochter hatte, ließ er den Apostel zu sich bitten. Bartholomäus kam und traf auf eine mit Ketten gefesselte junge Frau, weil sie mit Bissen alle zerfleischte, die ihr zu nahekamen. Er bat, sie aus den Ketten zu lösen. Aber es traute sich niemand in ihre Nähe. Da sagte er: „Ich halte den Geist schon in Banden, der in ihr war, darum fürchtet euch nicht." Man band sie los und sie war alsbald geheilt. Der König ließ Kamele mit Gold, Silber und edlem Gestein beladen, allerdings war Bartholomäus unauffindbar.

Da sagte er: „Ich halte den Geist schon in Banden, der in ihr war, darum fürchtet euch nicht." Man band sie los und sie war alsbald geheilt.

Am anderen Morgen erschien Bartholomäus dem Polymios in dessen Gemach und erklärte ihm, er brauche „nichts Irdisches noch Fleischliches" und schilderte ihm dann in groben Zügen das Christentum. Wenn er sich taufen lasse, so Bartholomäus zum König, werde er ihn seinen Gott, mit Ketten gebunden, sehen lassen. Als die Götzenpriester am folgenden Tag vor dem Königspalast dem Götzenbild opferten, schrie der böse Geist aus der Statue: „O ihr Armen, lasst eure Opfer liegen und opfert mir nimmer, auf dass ihr nicht noch schlimmere Pein müsst leiden denn ich. Denn ich bin mit feurigen Ketten gebunden von dem Engel dieses Jesus Christus, den die Juden haben gekreuzigt, weil sie glaubten, dass der Tod ihn werde halten; er aber hat selber den Tod gefangen, welcher ist unsere Königin, und hat unseren Fürsten, den Gemahl des Todes, mit feurigen Ketten gebunden". Die Heiden legten Seile an die Statue, um sie umzustürzen, schafften es aber nicht. Da gebot Bartholomäus dem Teufel, aus der Statue zu fahren und sie zu zerstören. Der Teufel zerbrach darauf diese Statue und alle anderen, die im Tempel waren. Der Apostel heilte danach alle Kranken und verwies den Teufel in die Wüste. Aus dem Tempel machte er eine Kirche.

„DA ZEIGTE ER IHNEN EINEN MOHREN, DER WAR SCHWÄRZER ALS DER RUSS UND HATTE EIN SCHARF ANGESICHT, SEIN BART WAR LANG UND DIE HAARE GINGEN IHM BIS AUF DIE FÜSSE; SEINE AUGEN BRANNTEN WIE GLÜHEND EISEN UND GINGEN FUNKEN DARAUS, UND SCHWEFELFLAMMEN SCHLUGEN IHM AUS MUND UND AUGEN, DIE HÄNDE ABER WAREN IHM MIT FEURIGEN KETTEN AUF DEN RÜCKEN GEBUNDEN.“

Diese Kirchweihe vollzog ein Engel, der – nachdem sich alle Menschen mit einem Kreuzzeichen auf der Stirn gesichert hatten – den Menschen dann, ehe er in die Wüste fuhr, den bösen Geist, der bislang die Götzenstatue bewohnt hatte, vorführte. „Da zeigte er ihnen einen Mohren, der war schwärzer als der Ruß und hatte ein scharf Angesicht, sein Bart war lang und die Haare gingen ihm bis auf die Füße; seine Augen brannten wie glühend Eisen und gingen Funken daraus, und Schwefelflammen schlugen ihm aus Mund und Augen, die Hände aber waren ihm mit feurigen Ketten auf den Rücken gebunden.“ Und der Engel ließ ihn dann, weil er dem Apostel gehorcht hatte, an einen menschenleeren Ort fahren „bis zum Tage des Gerichts“. Polymios aber ließ sich, seine Frau und Tochter und alles Volk taufen.

Die Götzenpriester beschlossen, sich an König Astrages zu wenden, den Bruder des Polymios, der in einem Nachbarreich regierte. Der ließ Bartholomäus durch eintausend Soldaten einfangen und zu sich bringen. Astrages fuhr Bartholomäus an: „Bist du der, der meinen Bruder verkehrt hat?“ Antwortet der Apostel: „Ich habe ihn nicht verkehrt, sondern bekehrt.“ Astrages: „So, wie du meinen Bruder dazu gebracht hast, seinen Gott zu lassen und deinen anzunehmen, werde ich dich nun dazu bringen, deinen Gott zu lassen und meinem zu opfern.“ Bartholomäus: „Ich habe den Gott, den dein Bruder anbetete, gebunden und ihm in dieser Gestalt gezeigt, und zwang ihn, dass er sein Bild zerbrach. Kannst du meinem Gott dasselbe tun, so will ich an deinen Gott glauben; tust du das nicht, so will ich deine Götter zerstören und du sollst an meinen Gott glauben.“ Noch als Bartholomäus sprach, wurde Astrages gemeldet, dass sein Gott Baldach gefallen und zerbrochen war. Der König zerriss seine purpurnen Kleider, befahl, den Apostel mit Knüppeln zu schlagen und zu schinden, das heißt, bei lebendigem Leib zu häuten.

Die Christen begruben den Leichnam des Bartholomäus in Ehren. König Astrages und seine Götzenpriester wurden von Teufeln besessen und starben. Polymios aber wurde zum Bischof geweiht, übte sein Amt löblich zwanzig Jahre aus und entschlief in Frieden.

Andere Legenden berichten, Bartholomäus sei mit dem Kopf nach unten gekreuzigt oder nur geköpft worden.

Andere Legenden berichten, Bartholomäus sei mit dem Kopf nach unten gekreuzigt oder nur geköpft worden. Die „Legenda aurea“ schlägt zur Lösung dieser Widersprüche vor: Bartholomäus sei zuerst gekreuzigt worden, vom Kreuz genommen, ehe er tot war, um ihm dann die Haut abzuziehen und ihn schließlich zu enthaupten. – So lösen Legendenschreiber scheinbare Widersprüche!

Weil der Schrein des Märtyrers in Indien verehrt wurde, stahlen ihn die Heiden, steckten ihn in einen bleiernen Sarg und warfen diesen ins Meer. Der Sarg sei an der Insel Lipari bei Sizilien angespült worden, wo man den Heiligen bestattete. Als 831 die Sarazenen die Insel verwüsteten, zerstreuten sie die Gebeine des Heiligen. Der Apostel selbst erschien nach dem Abzug der Plünderer einem Mönch im Traum und befahl diesem, seine Gebeine wieder zu suchen und zu bewahren. Dieser Mönch schien aber schon einer Vorform der „Kirche-von-unten“ angehört zu haben, denn er erwiderte dem Heiligen trotzig: „Warum sollen wir deine Gebeine sammeln oder dir irgend

Ehre tun, da zu zuließest, dass wir verstört wurden und uns nicht zu Hilfe kamst!“ Er zweifelte also den Schutzwert der Reliquien an, wie ein Versicherungsnehmer seinen Versicherungsvertrag, wenn die Versicherung nach einem Schaden nicht zahlen will. Der heilige Märtyrer hat jedoch eine passende Antwort: die vielen Sünden des Volkes, die Gott bislang auf Fürsprache des Heiligen übersehen hat, die sich aber jetzt nicht mehr verbergen ließen!

Er zweifelte also den Schutzwert der Reliquien an, wie ein Versicherungsnehmer seinen Versicherungsvertrag, wenn die Versicherung nach einem Schaden nicht zahlen will.

Blieb noch ein Ausweg, den unbequemen Auftrag abzuweisen. Wie sollte der Mönch die heiligen Knöchelchen denn erkennen: Jeder Knochen ähnelt jedem anderen! Bartholomäus wusste Rat. Er hieß den Mönch, in der Nacht zu suchen und zwar nur nach dem Gebein, das wie Feuer glimmt. Diese Knöchelchen brachte der Mönch nach Beneventum, der Hauptstadt Apuliens. Und es heißt dann diplomatisch in der Legende: „Man sagt, dass die Gebeine nun zu Rom sind; aber die von Benevent sprechen, dass sie noch in ihrer Stadt seien.“

In Wirklichkeit hat Otto II. (973 – 983) die Gebeine 983 nach Rom gebracht. Sie werden auf einer Tiberinsel aufbewahrt, San Bartolomeo all’Isola. Dort sind sie, weil Otto III. (983 – 1002) starb, ehe er alle Reliquien nach Deutschland bringen konnte. Die Hirnschale allerdings kam vor 1215 in den Kaiserdom Sankt Bartholomäus nach Frankfurt am Main, wo der Apostel seit 1239 auch Kirchen- und Stadtpatron ist.

Der heilige Theodor Studites, Abt des Klosters Studion in Konstantinopel (759 – 826), äußert, wie die „Legenda aurea“ berichtet, eine Vermutung: Bartholomäus habe wohl eine Stimme (= Jesus Christus) gehört, die zu ihm gesagt habe: „Geh hin, mein Jünger, und predige durch die Welt, geh aus in den Streit und empfange viel Widerwärtigkeit. Ich habe das Werk meines Vaters nun vollbracht und bin der erste Zeuge gewesen; so sollt ihr es nun erfüllen, als es not ist. Du sollst deinem Herrn und Meister nachfolgen und Blut geben für Blut, Fleisch für Fleisch, und alles das leiden, was ich für dich gelitten habe. …" Das frühe Mittelalter hat an wenigen anderen Stellen so deutlich hinterlegt, was sie den echten und unechten Blutzeugen der ersten vier Jahrhunderte als Image gebastelt hat: Die Notwendigkeit des Leidens und Sterbens als die Form der Nachfolge, die direkt in den Himmel führt.

Die volkstümliche Bedeutung des heiligen Apostels hängt eher mit seinem Gedenktag zusammen. Der 24. August markiert das Ende der Schon- und Laichzeit der Fische: Der heilige Bartholomäus beziehungsweise natürlich sein Festtag eröffnet den Fischfang in den Binnengewässern. Gefeiert wurde dies früher mit Fischessen, Prozessionen und Fischzügen. Fischerkönig wurde der, der den erfolgreichsten Fang vorweisen konnte.

„Geh hin, mein Jünger, und predige durch die Welt, geh aus in den Streit und empfange viel Widerwärtigkeit."

Bleibt die bekannte völkstümliche Redensart: „Wissen, wo Barthel den Most holt". Die Redensart meint, sich zu helfen wissen, alle Schliche kennen, sehr gewandt, hintertrieben, schlau und verschlagen sein. Belegt ist die Redensart seit der zweiten Hälfte des 17. Jahrhunderts, zum Beispiel in Grimmelshausens „Simplicissimus" (I, 139). Ursprünglich lautet die Redensart: „Barthel weiß, wo er den Most holt." Zu dieser Deutung passt auch die mehrfach belegte schwäbische Scherzfrage: „Wo holt der Bartle den Moscht?" oder „Waischt au, wau Bartle da Moscht holet?" Die Antwort lautet: „Beim Michel!", das heißt erst Ende September. Wenn auch der frühe Obstmost noch nichts taugt, so sieht man am Bartholomäustag doch schon recht gut, in welchem Garten gutes Obst oder gute Trauben einen guten Most geben werden. Die Bezeichnung des Tages als Hasenbartl kennzeichnet ihn ebenso als Schmaustag wie den Gänsmartin und Schweinethomas.

9. Oktober

Dionysius von Paris

Ein Heiliger nimmt seinen Kopf unter den Arm

Erschrecken Sie bitte nicht zu Tode, wenn Sie in einer Kirche einmal um die Ecke biegen und dann einer – hölzernen oder steinernen – Person gegenüberstehen, die ihren Kopf in den Händen hält. Da hat sich kein Zombie in die Kirche verirrt und den Ausgang nicht mehr gefunden. Der gehört wirklich dahin.

Kopflos handeln wir alle schon einmal; und es gibt Menschen, die machen den Anschein, als kämen sie fast ihr ganzes Leben ohne Kopf aus. Bei Dionysius von Paris war das anders. Er verlor zwar seinen Kopf, wurde trotzdem nicht kopflos und ließ dabei sein Ziel nicht aus den Augen. Schon wieder ein Wunder? Na klar.

Den Anfang machte Bischof Gregor von Tours († 594). Am Ende des 6. Jahrhunderts berichtete er über Dionysius aus dem 3. Jahrhundert, was die Frage nach der historischen Präzision beantwortet. In Italien um die Mitte des 3. Jahrhunderts geboren, sei Dionysius mit sechs anderen Bischöfen nach Gallien gesandt worden. Hilduin, seit 815 Abt von St. Denis, identifizierte in seiner Lebensbeschreibung des

Dionysius diesen mit Dionysius Areopagita, dessen Werke Ludwig der Fromme 827 durch eine byzantinische Gesandtschaft als Geschenk des Kaisers Michael Balbus (820 – 829) erhalten hatte. Weit über das Mittelalter hinaus galt Dionysius als Grieche, der den Apostel Paulus auf dem Areopag gehört und nicht ausgelacht hatte, sondern gläubig geworden war. Die Kurve von Athen nach Rom bekam Hilduin noch: Später Bischof von Athen sei Dionysius vom Papst zur Mission nach Gallien geschickt worden.

In Gallien wurde Dionysius zum ersten Bischof von Paris. Der heidnische Statthalter Fescinninus ließ ihn ergreifen und suchte ihn und seine Begleiter, den Priester Rusticus und den Diakon Eleutherius, durch die Folter zum Abfall von Christus zu bringen. Da die Standhaftigkeit ihres Glaubens aber über die Marter triumphierte, verurteilte er die Bekenner schließlich zur Enthauptung durch das Schwert.

Und jetzt endlich geschah das Wunder: Der Enthauptete nahm seinen Kopf an der Hinrichtungsstätte, dem mons martyrium (später: Montmartre) in die eigenen Hände und trug ihn zu einer nahegelegenen Quelle, wusch ihn und trug ihn dann sechs Kilometer Richtung Norden zu einer Stelle, an der er begraben sein wollte. Über seinem Grab entstand im 5. Jahrhundert eine Kirche. Dagobert I. gründete dort 623/624 die Benediktinerabtei St. Denis. Er selbst wurde 638 dort begraben. Ihm folgten in der Grablege der französischen Könige fünfundzwanzig Könige, zehn Königinnen und vierundachzig Prinzen und Prinzessinnen nach.

Dionysius wurde Frankreichs Nationalheiliger und Schutzpatron des Landes, Patron der französischen Könige und Schutzpatron von Paris; Letzteres ist er übrigens auch für Krefeld. Irgendwie schien es dem Mittelalter klar zu sein: Wer seinen Kopf auf Händen trägt, weil er ihm abgeschlagen wurde, kann keine Kopfschmerzen mehr

Dionysius wurde Frankreichs Nationalheiliger und Schutzpatron des Landes, Patron der französischen Könige und Schutzpatron von Paris; …

haben. Das war sicher die Voraussetzung dafür, dass Dionysius schon vor dem 15. Jahrhundert gegen Kopfschmerzen angerufen wurde. Warum er aber auch gegen Tollwut, Gewissensunruhe und Seelenleiden helfen soll, kann er uns erst erklären, wenn wir ihm im Jenseits – hoffentlich wieder mit Kopf – begegnen werden.

Und wo die Welschen hinkommen, bleiben nicht nur gebrochene Herzen, gebrochene Eheversprechen und zahlreiche Kinder zurück. Nein, die Franken waren auch so großzügig, ihre Heiligen mit in das Rheinland zu bringen.

Der Rheinländer muss nicht nach Frankreich fahren, um Dionysius zu begegnen. Die Franzosen waren, als sie noch Franken hießen, längere Zeit bei uns zu Besuch gewesen. Und wo die Welschen hinkommen, bleiben nicht nur gebrochene Herzen, gebrochene Eheversprechen und zahlreiche Kinder zurück. Nein, die Franken waren auch so großzügig, ihre Heiligen mit in das Rheinland zu bringen. Und sie nahmen sie nicht wieder mit nach Hause. Im ehemals fränkischen Gebiet gibt es darum nahezu flächendeckend Martinskirchen. Auch Dionysius war im Rheinland Kirchenpatron. Bevor die Neusser die Knöchelchen vom heiligen Quirinus geschenkt bekamen, hieß deren Patron eben Dionysius.

Neben den Kevins, Tamaras und Chantals gibt es den lifestylekompatiblen Vornamen Dennis, der auch jene Nervensäge schmückt, die als Comic-Strip von Hank Ketcham erstmals 1951 veröffentlicht wurde. Der amerikanische Vorname Dennis ist nichts anderes als ein Verschnitt von Denis oder Denys, die wiederum ein Kürzel für Dionysius darstellen. Dies zum Trost aller an Kevinismus (auch: Chantalismus oder Schekkelinismus) Erkrankten, also jener viralen Infektion, die zur sprunghaften Ausbreitung des Namens Kevin geführt hat, dessen Spitze 1991 erreicht wurde. Und ein kleiner Trost: Kevin ist genauso wie Denis ein uralter christlicher Name, also kein zeitschnittiges Lifestyle-Nämchen.

17. Oktober

Ignatius von Antiochien

Einer, der durch die Zähne der Tiere zermalmt werden wollte

Der Gedenktag des heiligen Ignatius, Bischof von Antiochien – in Bayern liebevoll als Ignaz eingemeindet –, liegt nach dem nachkonziliaren Generalkalender auf dem 17. Oktober, zuvor auf dem 1. Februar. Den Todeszeitpunkt datiert der Generalkalender auf „um 115". Diese Terminangabe ist aber umstritten; verschiedene Forscher datieren den Tod auch in die Mitte des 2. Jahrhunderts. Genaue Lebensdaten und Lebensumstände sind unbekannt; alle Angaben beruhen wesentlich auf der „Kirchengeschichte" des Eusebius von Caesarea, die zu Beginn des 4. Jahrhunderts entstanden ist. Nach ihr war Ignatius der dritte Patriarch und Bischof von Antiochien, dessen erster der Apostelfürst Petrus gewesen sein soll. Origines (254) dagegen bezeichnet Ignatius als Nachfolger des Petrus, der ihn in eigener Person zum Bischof geweiht haben soll.

Die Fantasie der Legendenerzähler verschaffte dem zukünftigen Märtyrer erst einmal ein Image, dem kein anderes nahekommen konnte: Ignatius wurde als derjenige bezeichnet, der als Kind in der Mitte der Jünger gestanden hatte, als Jesus sagte (Mt 18, 3; 19, 14; Mk 10, 15; Lk 18, 17): „Amen, das sage ich euch: Wenn ihr nicht umkehrt und wie die Kinder werdet, könnt ihr nicht in das Himmelreich kommen." Ein Mann mit dieser Biografie, der dann noch Bischof von Antiochia in der Zeit der Verfolgung war, konnte nur etwas Besonderes sein. Das drückt sein Beiname aus: Theophorus, das ist einer, der Gott in seinem Herzen trägt. Weil er eben jemand Besonderes war, wird er nach seiner Denunziation als Christ von Kaiser Trajan (98 – 11) höchstpersönlich und selbst verhört. Das Urteil: „Wir befehlen, dass Ignatius, der da behauptet, er trage den Gekreuzigten in sich, gebunden nach Rom geführt und dort zum Ergötzen des Volkes von wilden Tieren zerrissen werde." Darauf antwortete der Heilige: „Ich danke Dir, o Gott, von ganzem Herzen, dass Du mir eine solche Liebe zu Dir gegeben hast und mir gestattest, mit deinem Apostel Paulus eiserne Bande zu tragen." – Diese Erzählung erfüllt die Hintergrundfolie, die Vorgabe des christianisierten Sokrates: Eine religiöse Ausnahmeerscheinung flieht nicht vor dem Richter, bekennt sich als Christ und freut sich, als Vorbild für andere Christen, sterben zu dürfen, um direkt in den Himmel zu gelangen. Wunderschön auch das kaiserliche Missverständnis der Verleiblichung Christi bei der Kommunion. Heiden sind halt einfach blind für die wahre Erkenntnis.

DAS URTEIL: „WIR BEFEHLEN, DASS IGNATIUS, DER DA BEHAUPTET, ER TRAGE DEN GEKREUZIGTEN IN SICH, GEBUNDEN NACH ROM GEFÜHRT UND DORT ZUM ERGÖTZEN DES VOLKES VON WILDEN TIEREN ZERRISSEN WERDE."

Dass der Heilige auf seiner Reise alle tröstet, die seinen Tod bedauern, und sich dagegen wehrt, befreit zu werden, intensiviert den Gedanken, dass man der Gewalt nicht weichen darf. Sanftmut statt aufbrausende Leidenschaft, Demut statt Stolz, Gebet statt Schmähungen. Ignatius bekennt laut Legende: Jesus Christus ist es, für den ich meine Bande trage, möge ich mit Ihm kraft eures Gebetes zur Auferstehung gelangen." Er bittet um das Gebet der Mitchristen, darum die Kraft zu haben, nicht nur Christ genannt zu werden, sondern sich durch sein Martyrium auch als solcher zu beweisen, „denn nicht der äußere Schein macht den Christen, sondern die Standhaftigkeit in der Tugend".

Im Kolosseums zu Rom war Ignatius „ein Schauspiel für Engel und Menschen". Als er das Gebrüll der hungernden Löwen hörte, rief er laut: „Ich bin der Weizen des Herrn, ich muss durch die Zähne der Tiere zermalmt werden, um ein reines Brod Christi zu werden." Die wilden Tiere zerrissen seinen Leib, nur wenige Gebeine blieben übrig als „kostbare Reliquien des glorreichen Märtyrers".

Was im letzten Satz dieser Legende anklingt, ist der Beginn der Reliquienverehrung. Die Gebeine des verblichenen Märtyrers werden in die Verehrung mit einbezogen. Und weil sie Teile eines Heiligen und damit heilig sind, gelten sie als wertvoller als Gold und Edelsteine.

Die wilden Tiere zerrissen seinen Leib, nur wenige Gebeine blieben übrig als „kostbare Reliquien des glorreichen Märtyrers".

Eusebius behauptet, Ignatius sei zur Regierungszeit des römischen Kaisers Trajan verhaftet und nach Rom überführt worden. Die Mehrzahl der Historiker sieht den Todeszeitpunkt zwischen 110 und 117. Einige nennen aber auch 138 oder noch später.

Alle anderen Berichte über Ignatius – außer Eusebius – sind deutlich später und sehr fragwürdig. Traditionell, aber völlig unbelegt, gilt Ignatius als Schüler der Apostel Petrus und Johannes. Die Legende, die Ignatius mit dem Kind gleichsetzt, das von Jesus in die Mitte der Jünger gestellt wurde, als er sie aufforderte, wie Kinder zu werden, stammt aus dem 5. Jahrhundert. Wenn der Todeszeitpunkt des Ignatius zwischen 110 und 117 liegt, wäre dies theoretisch möglich, ist aber gleichzeitig sehr unwahrscheinlich, weil diese Auffassung erst nach dem 4. Jahrhundert aufkommt und keiner historischen Überlieferung zugeordnet werden kann.

Was bleibt? Ignatius, Bischof von Antiochien, der übrigens als Erster überhaupt den Begriff „katholisch" (= allgemein, universal) mit dem Begriff Kirche koppelte, nimmt sein schreckliches und erniedrigendes Todesurteil an, verbittet sich jedes Gnadengesuch durch Dritte und stirbt, um seinen Glauben zu bezeugen. Nachfolge Christi wird hier und in allen vergleichbaren Fällen nicht bildlich verstanden, sondern ist reale Nachfolge im realen Leiden, ja ist unumgänglich und notwendig, um Vergebung zu erlangen und in den Himmel kommen. Nach dem klassischen Muster entstand ein Glaubensheld, der unbeirrt zum Märtyrer wird und als solcher postmortal den Menschen hilfreich sein kann.

NACH DEM KLASSISCHEN MUSTER ENTSTAND EIN GLAUBENSHELD, DER UNBEIRRT ZUM MÄRTYRER WIRD UND ALS SOLCHER POSTMORTAL DEN MENSCHEN HILFREICH SEIN KANN.

Berühmtester Träger des Namens Ignatius war der Gründer des Jesuitenordens Ignatius von Loyola (1491 – 1556).

Dargestellt wird der heilige Märtyrer mit Löwen in einem Amphitheater. Diese Todesart kann einem sicher den Hals anschwellen und Pickel ausschlagen lassen, ob es genau das war, warum Ignatius Patron gegen Halsschmerzen und Ausschlag wurde, bleibt im Dunkel der Kirchengeschichte verborgen.

8. November

Vier Gekrönte

Von echten Kronen und von Tugend-Krönchen

Trotz ihrer Kürze ist die Legende der Quattuor Coronati ziemlich verwirrend. Es heißt, Severus, Severianus, Carpophorus und Victorinus seien auf Geheiß von Kaiser Diokletian mit Bleiklötzen zu Tode geschlagen worden. Die Namen der vier waren aber unbekannt und wurden erst später „von Gott kundgetan". Es wurde festgesetzt – von wem, bleibt offen –, dass ihr Gedächtnis unter dem Namen von fünf anderen Märtyrern zu feiern sei, die zwei Jahre nach ihnen das Martyrium erlitten hatten: Claudii, Castorii, Simplicii, Nicostrati und Symphoriani. Diese seien ausgezeichnete Bildhauer gewesen, die sich aber geweigert hätten, auf Diokletians Befehl ein Götterbild zu schnitzen (?). Weil sie sich weigerten, Weihrauch vor einem Standbild des Kaisers zu opfern und diesen dadurch als Gott zu verehren, habe man sie lebendigen Leibes in bleierne Särge gelegt und um 287 ins Meer geworfen. Papst Melchiades (auch Miltiades, 310 – 314) ordnete an, dass unter dem Namen dieser fünf die anderen vier zu ehren seien. Man nannte sie die Vier Gekrönten, schon bevor ihre Namen bekannt geworden waren.

Das Leben der Vier Gekrönten und ihre kultische Verehrung gehörten „zu den schwierigsten Fragen der römischen Hagiographie“, notiert die Forschung, die aber davon ausgeht, dass der Legende authentische Märtyrer zugrunde liegen. Ihr Grab, und damit der Ort ihrer Verehrung, war an der Via Labicana gelegen. Der „Römische Chronograph von 354“, ein überlieferter spätantiker Codex, den Furius Dionysius Filocalus 354 n. Chr. für den christlichen Adligen Valentinus geschrieben hat, benennt als Gedenktag den 8. November. Den Vier Gekrönten wurde bereits im 5. Jahrhundert eine Basilika auf dem Mons Caelius geweiht.

Die Forschung nimmt an, die vier seien römische Bürger gewesen, die zur Zwangsarbeit in den kaiserlichen Steinbrüchen verurteilt wurden und deren Gebeine man nach ihrem Tod nach Rom zurückgebracht habe.

Erst später kommen Legenden auf, die ihr Martyrium in kaiserliche Steinbrüche nach Pannonien (Westungarn) verlegen. Hier hätten sie als Steinmetze eine Statue des Asklepios (im Deutschen auch Äskulap, der Gott der Heilkunst in der griechischen Mythologie) und des Sonnengottes herstellen sollen und wären, nach ihrer Weigerung, in den dortigen Sümpfen ertränkt worden. Die Forschung nimmt an, die vier seien römische Bürger gewesen, die zur Zwangsarbeit in den kaiserlichen Steinbrüchen verurteilt wurden und deren Gebeine man nach ihrem Tod nach Rom zurückgebracht habe.

Wieder andere Historiker meinen, die Legende von den Vier Gekrönten sei mit einer anderen Legende verwoben worden. Danach hätten vier römische Militärbeamte (cornicularii) die Statue des Asklepios nicht verehren wollen und seien dafür in den Tod gegangen. Ihre Namen haben sie erst im 7. Jahrhundert erhalten. Sie wurden ursprünglich am 8. August verehrt.

Diese undurchdringliche Gemengelage von Personen, Zeiten und Orten führt zu unterschiedlichen Interpretationen. Eine davon ist die Annahme, das Gedächtnis der Märtyrer sei durch eine nach Rom verlegte Legende entstanden. Die Nähe der Kirche Santi Quattro Coronati zu den römischen Kasernen habe die Legende geformt. Es könnte auch ein Schreibfehler für Quattuor Cornicularii (vier Soldaten) zugrunde liegen, weil Coronati „die mit Märtyrerkrone Geschmückten" heißt.

Nicht nur die Siegespalme in den Händen symbolisiert bei weiss gekleideten Gestalten die Märtyrerin oder den Märtyrer. Das weltliche Haupt der Christenheit, natürlich ein Gekrönter, gab mit seiner Krone ein Siegerbild vor, das abfärbte.

Die Vier Gekrönten erlauben uns einen ikonografischen Hinweis. Nicht nur die Siegespalme in den Händen symbolisiert bei weiß gekleideten Gestalten die Märtyrerin oder den Märtyrer. Das weltliche Haupt der Christenheit, natürlich ein Gekrönter, gab mit seiner Krone ein Siegerbild vor, das abfärbte. So kommen nicht nur die Heiligen – manchmal – zu Kronen. Auch wer heiligmäßig beziehungsweise sittlich lebt, kann im Brauchtum schon zu Lebzeiten zu einer Krone oder einem „Krönchen" kommen. In „Jremlekuse", dem zu Neuss gehörigen Grimlinghausen, wird es noch jedes Jahr zur Kirmes einem vom Pfarrer ausgesuchten Mädchen verliehen: das Kirmeskrönchen, 1787 von Maria Theresia von Kempis als „Tugendpreis" gestiftet. Es war einmal ein weit verbreiteter Brauch.

Der Kult der Vier Gekrönten breitete sich von Rom über Italien nach Österreich und Deutschland aus, kam bis Belgien und den Niederlanden. Eng verbunden mit diesen Märtyrern waren die Bauhütten und Bildhauer, die Zünfte, Gilden und Innungen. Mit dem Niedergang dieser Gruppen ab dem 17. Jahrhundert ging auch der Kult entscheidend zurück. Die Freimaurer haben 1951 in Bayreuth eine Forschungsloge „Quattuor Coronati" gegründet, die Vorbild für vergleichbare Einrichtungen in anderen Ländern war. Einige Steinmetzinnungen feiern am Gedenktag der Vier Gekrönten bis heute ihr Patronatsfest.

Die Vier Gekrönten kommen nicht nur im Siegel der Dombauhütte des Wiener Stephansdomes vor. Am Kölner Dom schuf der Dombaumeister Konrad Kuene van der Hallen (1400/1410 – 1469) vier Heiligenfiguren aus Sandstein.

Was lernen wir daraus? Wir lernen, dass die menschliche Fantasie, ihren Bedarf an Glaubenshelden überall da zu schaffen vermag, wo nichts oder wenig gewusst wird. Traditionsstränge werden unentwirrbar miteinander verwoben, Namen erfunden und/oder gleichgesetzt, wo sie fehlen, und Biografien erdichtet, die dem jeweiligen Zeitgefühl Ausdruck verleihen. Aus vier sicheren Märtyrern wurden so Gestalten, die für einen ganzen Berufszweig zum Idealmuster wurden. „Keinen fremden Göttern anzuhängen" (vgl. Ex 34, 14) war bereits ein göttliches Gebot auf mosaischen Tafeln. Jetzt war es plastisch in der Gestalt von heiligen Steinmetzen, die mit ihrem Blut ihre Grundsatztreue bezahlt hatten. So etwas könnten heute bebilderte Boulevardzeitungen und die Yellow-Press kaum schöner erfinden.

Was lernen wir daraus? Wir lernen, dass die menschliche Fantasie, ihren Bedarf an Glaubenshelden überall da zu schaffen vermag, wo nichts oder wenig gewusst wird.

22. November

Cäcilia

Von drei Jungfrauen, zwei davon sogar männlich

Seit der zweiten Hälfte des 5. Jahrhunderts wird eine Caecilia als Jungfrau und Märtyrerin verehrt. Belastbare Daten über ihr Leben und ihr Martyrium gibt es nicht. Ihre Legende entsteht nach 486 und ist reine Fantasie, referiert den Sinn der Jungfräulichkeit um des Himmelreiches willen und lehrt Todesmut.

Die Legende schildert die Heilige als Spross eines römischen Adelsgeschlechtes, der Gens Caecilia, ein plebejisches Geschlecht, „von ihrer Wiege an im Glauben an Christus erzogen“. Das Evangelium Christi trug sie immer, verborgen in ihrem Gewand, „an ihrer Brust“. Sie betete ohne Unterlass Tag und Nacht und wollte für immer jungfräulich leben. Sie war mit einem jungen Mann namens Valerian verlobt (worden?). Am Hochzeitstag, als die Orgeln erklangen (dieser Hinweis löst später ihr Patrozinium für die Kirchenmusik aus), sang sie in ihrem Herzen allein für den Herrn und sprach: „Mein Herz und mein Leib mögen unbefleckt bleiben, damit ich nicht zuschanden werde.“ Vor der Hochzeitsnacht vertraute sie ihrem Angetrauten ihr Geheimnis an, wonach ein Engel Gottes mit großer Eifersucht ihren Leib behüte. Der würde ihn schlagen, wenn er sie „in unreiner Liebe“ berühre.

St. Cäcilia

Diese zu diesem Zeitpunkt vielleicht nicht ganz erwartete Offenbarung konterte der junge Ehemann mit der Forderung, er wolle diesen Engel sehen. Cäcilia erklärte ihm, er könne ihn erst sehen, wenn er getauft sei. Sie schickte ihn deshalb zu einem Greis, der sich als Papst Urban (Urbanus I., 222 – 230) herausstellt. Urban jubelte: „Herr Jesus Christus, der du den Menschen einpflanzest keuschen Ratschluss, nimm an die Frucht solcher Saat, die du in Cäcilia gelegt hast! Herr Jesus Christus, guter Hirte, deine Dienerin Cäcilia hat dir wie eine kluge Biene gedient; ihren Bräutigam, den sie als wilden Löwen erhielt, hat sie wie ein mildes Lamm zu dir gesandt!" Plötzlich steht – ein zweiter – Greis in schneeweißen Gewändern vor Valerian, der vor Schreck umfällt. Der Greis hebt ihn wieder auf und lässt ihn in einem mit goldenen Buchstaben beschriebenen Buch lesen: „Ein Gott, ein Glaube, eine Taufe, ein Gott und Vater aller, der über alle und in allem und in uns ist" [Eph 4, 5f.]. Valerian ist jetzt vom christlichen Glauben überzeugt und erhält die Taufe.

„Herr Jesus Christus, guter Hirte, deine Dienerin Cäcilia hat dir wie eine kluge Biene gedient; ihren Bräutigam, den sie als wilden Löwen erhielt, hat sie wie ein mildes Lamm zu dir gesandt!"

Zurück bei Cäcilia trifft er diese im Gespräch mit dem Engel an, der ihnen zwei Kränze von Rosen und Lilien überreichte. „Bewahrt diese Kränze mit unbeflecktem Herzen und reinem Leib, brachte ich sie euch doch aus dem Paradies Gottes; nie werden sie verwelken oder ihren Duft verlieren, noch von anderen gesehen werden, es sei denn, sie hätten die Keuschheit erwählt. Du aber, Valerian, da du dem heilsamen Rat Glauben geschenkt hast, wünsche, was du willst, und du wirst es erlangen." Valerian, der es mit Turbospeed zum Christsein und zur Jungfräulichkeit geschafft hat, wünscht sich als frisch kreierter Tugendheld natürlich keine Reichtümer, permanente Gesundheit oder Ähnliches. Er möchte, dass sein Bruder Tiburtius wie er, Valerian, selbst die Wahrheit, nämlich die christliche Lehre, entdecke. Der Engel ist entzückt: „Deine Bitte gefällt dem Herrn, und ihr werdet beide mit der Palme des Martyriums zum Herrn kommen." Nach einem Schnellkurs in Glaubensfragen wird auch Tiburtius von Papst Urban getauft. Die Brüder lebten nun ihren Glauben und sorgten für die Bestattung jener, die um ihres Glaubens willen von dem Präfekten Almachius zum Tode verurteilt wurden.

Dieser Almachius registrierte auch die Konversion der Brüder Valerian und Tiburtius, ließ sie vor sein Gericht rufen und verurteilte sie zum Tode. Um ihren Besitz an sich zu nehmen, befahl er Cäcilia die Herausgabe. Die aber argumentierte, der Besitz der Brüder sei schon an die Armen übergegangen. Aufgefordert, den Göttern zu opfern, erbat sie Bedenkzeit und benutzte diese jedoch, um andere von ihrem Glauben zu überzeugen. Almachius rief sie wieder zu sich und ließ sie in ein kochendes Bad setzen. Cäcilia fühlte aber nur Kühle. Daraufhin sollte sie enthauptet werden. Aber nach drei Schwerthieben gegen die halsstarrige Dame gab der Henker auf. Die Schwerverwundete wurde nach Hause transportiert, lebte noch drei Tage, um ihr Gut an die Armen zu verteilen, und verschied dann. Gekrümmt, wie sie gelegen hatte, soll sie beigesetzt worden sein, denn so, wird berichtet, sei sie bei der Sargöffnung 1599 gefunden worden. Ihr Haus sei in eine Kirche umgebaut worden. Cäcilias Gedenktag ist der 22. November, der vielfach von Kirchenchören und anderen Kirchenmusikern als „Cäcilienfest" gefeiert wird.

Daraufhin sollte sie enthauptet werden. Aber nach drei Schwerthieben gegen die halsstarrige Dame gab der Henker auf.

Klar doch, dass Valerian und Tiburtius nicht nur in den Himmel aufgenommen wurden, sondern auch in das Verzeichnis der Heiligen der Katholischen Kirche. Danach wird Valerian und Tiburtius von Rom († zwischen 180 und 230) am 14. April gedacht. Zusammen mit Cäcilia und dem von den beiden Brüdern bekehrten Hofbeamten Maximus, der sich ihrem Glaubensbekenntnis angeschlossen hatte, wurden sie auf dem calixtischen Friedhof begraben, der später nach der heiligen Cäcilia benannt wurde.

Wenn man diesen fantasievollen Lobgesang der Jungfräulichkeit um des Himmelreiches ein wenig nüchtern untersucht, muss man registrieren, dass die Kirche Santa Cecilia in Trastevere wahrscheinlich

St. Cäcilia

nicht das Wohnhaus der heiligen Cäcilia war und sie auch nicht die Namengeberin. Der Name geht wohl auf eine gleichnamige Stifterin der Kirche zurück. Möglicherweise der Namensgleichheit wegen wurden 820 n. Chr. der angeblich unverweste Leichnam der heiligen Cäcilia dorthin umgebettet, wo am 22. November 545 ihr Gedächtnis gefeiert wurde.

Das Musikpatrozinium der Cäcilia lässt sich also nicht von Orgeln ableiten, wohl aber von der Musik der Engel, die die Heilige laut ihrer Legende hören konnte.

Die „Legenda aurea“ lässt für die heilige Cäcilia die Orgeln – als wenn eine nicht gereicht hätte! – erklingen, was wirklich ein Wunder gewesen wäre, weil Orgeln im heutigen Sinne erst ab dem 4. Jahrhundert aufkommen und die Portative, Tragorgeln, mit denen die Heilige in der Kunst dargestellt wird, erst im Mittelalter. In den Akten des Surius, die der „Legenda aurea“ zugrunde liegen, ist von Orgeln auch keine Rede. Es heißt hier: „Cum esset symphonia instrumentorum, illa in corde suo soli Deo psallebat“, was besagen soll, dass sie, der hochzeitlichen Musik nicht achtend, in ihrem Herzen zu Gott flehte. Das Musikpatrozinium der Cäcilia lässt sich also nicht von Orgeln ableiten, wohl aber von der Musik der Engel, die die Heilige laut ihrer Legende hören konnte. Im Übrigen wird Cäcilia erst seit dem 15. Jahrhundert als Patronin der Kirchenmusik verehrt.

Die Legende der heiligen Cäcilie ist ein Musterbeispiel für eine fromme Fiktion: Eine reale Person dieses Namens, die unter den genannten Bedingungen zur Märtyrerin wurde, scheint es nicht gegeben zu haben, natürlich auch nicht die genannten Mitspieler. Ein Legendenschreiber des 5. Jahrhunderts hat den gesamten Stoff erfunden, um die Idee der Jungfräulichkeit zu propagieren, die im Übrigen die normale Geschlechtlichkeit („unreine Liebe“) in ein wenig günstiges Licht rückt. Das Musikpatronat der Cäcilia ist lediglich ein unbeabsichtigtes spätes Abfallprodukt.

25. NOVEMBER

KATHARINA VON ALEXANDRIEN

POSTPUBERTÄRE EMANZE ERSTEIGT GIPFEL DES INTELLIGENZQUOTIENTEN

Auch von dieser heiligen Märtyrerin gibt es keine zeitgenössischen, historisch gesicherten Urkunden, Belege oder Nachrichten. Die nachkonziliare Kalenderreform hatte deshalb ihren Gedenktag gestrichen, der sich zwischenzeitlich (seit 2002) aber sowohl im Römischen Generalkalender als auch im Regionalkalender der deutschsprachigen Gebiete wiederfindet! Katharina ist halt derart inkulturiert, dass die Unbeweisbarkeit ihrer realen Existenz ihrer aktuellen Präsenz nicht schaden kann. Für Katharinen-Fans vielleicht wunderbar, für Normalos eher wunderlich.

Die älteste bekannte Leidenserzählung stammt aus dem 6./7. Jahrhundert und macht sie zur Tochter eines legendären Königs Costos von Zypern, die angeblich um 307 (oder 315) unter Kaiser Maxentius (?) das Martyrium erlitten hat.

St. Katharina

Wie auch immer, den Legendenschreibern hat ein Anschein von Existenz gereicht, um daraus ein bluttriefendes Gemälde, ein Image für eine Frau zu entwickeln, das die Theologie ihrer Zeit zur Basis hat. Die achtzehnjährige Königstochter, eine Christin, ist allein zu Hause im Palast, „voller Diener und Reichtum", als sie erfährt, dass der Kaiser alle Menschen aufgefordert hat, den Göttern zu opfern. Sie schließt sich den Christen an, die in Todesfurcht zu den Opfern geführt wurden. Sie trat kühn vor den Kaiser und erklärte ihm, eigentlich wäre es richtig, ihm den Gruß zu entbieten, wenn er den Schöpfer des Himmels erkennen und die Götzen abschaffen würde. Um dann „durch unterschiedliche Schlüsse der Syllogismen allegorisch und metaphorisch, dialektisch und mystisch mit dem Kaiser mancherlei Ding zu disputieren". „Danach kam sie wieder zu gemeiner Rede" und stellte den Gott der Christen als Gott aller Götter und Weltenschöpfer dar und erklärte die Menschwerdung des Gottessohnes. „Der Kaiser erschrak und mochte hierzu nichts sagen." Erst solle den Göttern ein Opfer gebracht werden, dann wollte der Kaiser antworten. Er ließ sie gut bewacht zu seinem Palast bringen, „denn ihn verwunderte ihre Weisheit und die Schönheit ihres Leibes. Sie war auch gar zart und schön und erschien aller Augen sonderlich lieblich mit wunderlicher unsäglicher Schönheit ihres Leibes".

Sie trat kühn vor den Kaiser und erklärte ihm, eigentlich wäre es richtig, ihm den Gruss zu entbieten, wenn er den Schöpfer des Himmels erkennen und die Götzen abschaffen würde.

Der Kaiser hieß Katharina, sich vorzustellen. In aller Demut stellt sie sich als Königstochter vor, „in allen freien Künsten wohl gelehrt". Sie sei Christin, sagt Katharina, um sofort die heidnische Götzenverehrung als nichtig und falsch anzuprangern. Nicht ungeschickt lässt der Autor den Kaiser reagieren, der vorhält, falls sie die Wahrheit sage, würde der Rest der Welt wohl irren. Niemand würde ihr glauben, es sei denn, sie wäre ein Engel oder eine himmlische Kraft. Sie sei aber nur „ein schwaches Weib“. Es gelte in der Welt die Regel, dass das Gesagte durch den Mund von zwei oder drei Zeugen bestätigt werden müsse. Heimlich ließ er aus dem ganzen Land fünfzig der weisesten Männer kommen. Die fanden es gar nicht lustig, herbeizitiert worden zu sein, um mit einer Jungfrau zu diskutieren. Der geringste ihrer Schüler hätte das ja auch erledigen können. Der Kaiser kitzelte noch ein wenig die Eitelkeit der Gelehrten, was ja auch keine allzu neue Methode ist, und erklärte ihnen: Er hätte Katharina ja durch die Folter zum Opfern zwingen können, fände es aber besser, wenn die Gelehrten ihre Methoden erfolgreich bewiesen. Nun, dachten diese, dann bringen wir es einmal schnell hinter uns.

Als Katharina vom Ansinnen des Kaisers erfuhr, erschien ein Engel des Herrn, der sie zur Standhaftigkeit ermahnte und ihr versprach, sie werde die fünfzig Gelehrten bekehren und ihnen zur Märtyrerpalme verhelfen. Bevor Katharina in die Diskussion einstieg, sagte sie zum Kaiser: „Was Rechtes ist dies, dass du fünfzig Meister wider eine Jungfrau zu streiten setzest und gelobst ihnen noch große Gaben, ist es, dass sie siegen.“ Sie jedoch solle ohne Lohn fechten? Ihr Lohn sei aber Jesus Christus, der Hoffnung und Krone aller sei, die für ihn streiten. Dann begann die Diskussion damit, dass die Gelehrten die Menschwerdung Gottes infrage stellten. Katharina bewies ihnen aber, „dass solches sogar von den Heiden sei vorausgesagt worden“. Diese Diskussion endet damit, dass der „Meister der Meister“ bekannte, aus Katharina spreche der Geist Gottes, gegen den sie nicht reden könnten. Wenn ihnen der Kaiser seine Götter nicht noch nahebringen könne, „so be-

Als Katharina vom Ansinnen des Kaisers erfuhr, erschien ein Engel des Herrn, der sie zur Standhaftigkeit ermahnte und ihr versprach, sie werde die fünfzig Gelehrten bekehren und ihnen zur Märtyrerpalme verhelfen.

kehren wir uns alle zu Christo“. Der Kaiser war dermaßen sauer, dass er befahl, die fünfzig Gelehrten mitten in der Stadt zu verbrennen.

Katharina aber unterwies sie noch im Glauben. Als den fünfzig klar wurde, dass sie, ohne die Taufe empfangen zu haben, sterben würden, waren sie traurig. „Katharina aber sprach: ‚Fürchtet euch nicht, denn euer Blut wird euch taufen und krönen‘“, eine anschauliche Konkretion der „Bluttaufe“. Alle fünfzig wurden ins Feuer gestoßen und verbrannt, jedoch – oh Wunder – ihre Haare und Kleider blieben unversehrt! Die Christen bestatteten ihre Leiber.

Der Kaiser bot Katharina nun an, sie nach der Kaiserin zur ersten Frau im Palast zu machen, von ihr eine Statue zur Verehrung in der Stadt aufzustellen und sie als Göttin verehren zu lassen. Katharina erklärte ihm, sie sei die Braut Christi, er allein sei ihr Ruhm, ihre Liebe, Süßigkeit und ihr Ergötzen. Von seiner Liebe könne sie keine Schmeichelei oder Pein trennen.

Alle fünfzig wurden ins Feuer gestossen und verbrannt, jedoch – oh Wunder – ihre Haare und Kleider blieben unversehrt!

Jetzt war es dem Kaiser genug. Er ließ sie entkleiden, mit Skorpionen schlagen und danach in einen finsteren Keller einschließen, in dem sie zwölf Tage „ohne alle leiblichen Speisen“ blieb. Als der Kaiser nun in Staatsangelegenheiten auf Reisen gehen musste, besuchte die Kaiserin mit dem Kriegsobersten Porphyrius Katharina im Kerker. Wie erstaunt waren sie, als sie das Gefängnis von unermesslichem Glanz erleuchtet sahen und einen Engel bemerkten, der die Wunden Katharinas pflegte. Die Königstochter bezeugte der Kaiserin ihren Glauben, überzeugte diese so sehr, dass sie zum Christenglauben übertrat. Porphyrius tat es ihr gleich, zusammen mit 200 „Rittern“. Jesus Christus aber schickte ihr eine weiße Taube in den Kerker, die sie mit himmlischer Speise nährte. Und dann kam er selbst, mit einer Menge Engel und Jungfrauen, ermahnte sie zur Stärke und versprach, immer bei ihr zu sein.

Als der Kaiser zurückkehrte, hieß er Katharina, sich zu entscheiden: Sie könne eine große Königin in seinem Reich sein oder Martyrium und Tod wählen: „opfere und lebe oder stirb mit ausgesuchter Pein". Katharina aber blieb ganz cool und gab zur Antwort: „Ich sehne mich, mein Fleisch und Blut dem Herrn darzubringen, als er sich selber einst für mich hat geopfert." Nachfolge Christi in Leiden und Tod, die Kernstelle dieser und vieler anderer Legenden auch. Der Richter riet dem Kaiser, er solle vier Räder mit eisernen Sägen und spitzen Nägeln machen lassen, die den Leib der Delinquentin zerfleischen. Dieser bittere Tod würde die anderen Christen warnen.

Als Katharina vor dem erbauten Marterinstrument stand, bat sie Jesus Christus, er möge es zerstören. Das geschah derartig ungestüm, dass viertausend Heiden dabei erschlagen wurden. Die Kaiserin, die das Schauspiel durch ein Fenster des Palastes verfolgt hatte, eilte auf den Hinrichtungsplatz und schalt ihren Gatten wegen seiner großen Grausamkeit. Der Kaiser begann, rasend zu werden. Weil seine Kaiserin den Göttern nicht opfern wollte, ließ er ihr erst die Brüste und dann den Kopf abschneiden. Katharina tröstete die Todeskandidatin: Statt eines vergänglichen Reiches betrete sie nun ein ewiges Reich, und ihren sterblichen Gemahl tausche sie gegen den himmlischen Bräutigam. Das dopte die Kaiserin so sehr, dass sie die Henker aufforderte, schneller voranzumachen, denn sie wollte nicht länger auf die Ewigkeit warten. Ihr treuer Porphyrius begrub ihren Leichnam.

DIE KAISERIN, DIE DAS SCHAUSPIEL DURCH EIN FENSTER DES PALASTES VERFOLGT HATTE, EILTE AUF DEN HINRICHTUNGSPLATZ UND SCHALT IHREN GATTEN WEGEN SEINER GROSSEN GRAUSAMKEIT.

Anderntags ließ der Kaiser nach dem Leichnam seiner hingerichteten Frau suchen. Viele Menschen starben in diesem Zusammenhang. Dann bekannte sich Porphyrius zur Beisetzung der Leiche der Kaiserin und gab sich zugleich als Christ zu erkennen. Der Kaiser ge-

St. Katharina

riet außer sich, dass auch sein Vertrauter sich habe verführen lassen. Als er sein Leid vertrauten „Rittern" klagte, reagierten die: „Wir sind auch Christen, und sind bereit in den Tod." Der Kaiser drehte nun völlig durch und befahl, Porphyrius und alle christlichen Ritter zu enthaupten und ihre Leiber den Hunden zum Fraß vorzuwerfen.

Der Kaiser versuchte nun noch einmal sein Glück bei Katharina und bot ihr die Wahl an, die Erste in seinem Palast zu sein oder ihren Kopf zu verlieren. Es kam, wie es kommen musste: Katharina gab dem Kaiser – wieder einmal – einen Korb und der verurteilte sie zur Enthauptung.

Es kam, wie es kommen musste: Katharina gab dem Kaiser – wieder einmal – einen Korb und der verurteilte sie zur Enthauptung.

Auf dem Weg zur Hinrichtung betete Katharina: „O du Zuversicht und Heil aller Gläubigen, Ehre und Zier aller Jungfrauen, Herr Jesu, guter König, ich bitte dich: wer mein Leiden mit Andacht begeht und mich in seiner Todesstunde, oder sonst in Nöten anruft, dass dessen Begierde in Gnade gewährt werde."

Und es kam, wie es kommen sollte. Aus dem Himmel erscholl eine Stimme: „Komm nun, meine Geliebte und meine Braut, denn siehe, die Himmelstür ist dir aufgetan. Und allen denen, die dein Leiden mit andächtigem Herzen begehen, soll der himmlische Beistand gelobt sein, den du erbeten hast."

Jeder Hörer und Leser der Legende atmet an dieser Stelle erleichtert auf. Gott sei Dank, muss er ja nicht mehr zerfleischt und bluttriefend dem Henkerbeil den Hals hinhalten. Es reicht, wenn er die Leidensbereitschaft von Katharina und ihresgleichen verinnerlicht. Er kann sich auch dafür bedanken, dass er so nicht sterben muss. Und er hat dafür die Gewissheit: Gott wird ihm beim Sterben und in jeder Not beistehen – Katharina sei auch Dank!

Katharina aber starb unter dem Henkerschwert. Aus ihrem Leib jedoch floss Milch statt Blut. Ihr Leib wurde von Engeln auf den Berg

Sinai getragen. Aus ihrem Gebein aber fließt ohne Unterlass ein Öl, dass alle Körperteile heilt, die schwach oder krank sind.

Dieses Image, dass die Legendenschreiber jener fiktiven Frau verpasst haben, hat sie natürlich in die erste Reihe der Märtyrerinnen und Heiligen geschoben. Sie ist eine der „Drei heiligen Madl", eine der Quattuor Virgines Capitales und zählt zu den Vierzehn Nothelfern. Wer so mundfertig ist, wird natürlich zur Patronin bei Zungenleiden und Sprachschwierigkeiten, und wer so klug und weise ist wie sie, kann nicht anders, als Schutzpatronin über Schulen und philosophische Fakultäten zu werden. Warum sie auch Patronin für Näherinnen und Schneiderinnen geworden ist, verliert sich ebenso im Dunkel der Geschichte wie die Klärung der Frage, warum sie Namengeberin des Mondkraters „Catharina" wurde.

Wer so mundfertig ist, wird natürlich zur Patronin bei Zungenleiden und Sprachschwierigkeiten, und wer so klug und weise ist wie sie, kann nicht anders, als Schutzpatronin über Schulen und philosophische Fakultäten zu werden.

Ihre vermeintlichen Reliquien, im 8. oder auch erst im 10. Jahrhundert aufgefunden, befinden sich in der Basilika des Katharinenklosters auf dem Sinai am Fuß des Dschebel Musa.

Im Westen wurde sie seit den Kreuzzügen verehrt. Sie gehört – auch als Kätchen, Käthe, Trine und Trinchen angesprochen – zu den populärsten Heiligen und Namengeberinnen. Ihr Gedenktag, der 25. November, wird im Volksgedächtnis mit dem Spruch memoriert: „Kathrein stellt den Tanz ein." Mit dem Kathreintanz endete im kirchlichen Festjahr die Phase öffentlicher Tanzveranstaltungen. Es begann mit der Adventszeit die Zeit der Vorbereitung auf das Fest Christi Geburt.

Die Katharinenlegende ist ein Musterbeispiel für die Fähigkeit des Mittelalters, die eigenen Wertvorstellungen in die frühchristliche Phase „vorzuverlegen". Töchter aus den höchsten Ständen, glühende Christinnen und Verfechterinnen der Jungfräulichkeit, werden zu intellektuellen Genies, die herdenweise Gelehrte blamieren und umdrehen. Sie schlagen selbst die lukrativsten Angebote aus, um endlich auf den blutigen und schmerzhaften Leidensweg gehen zu können, der sie stante pede in das Himmelreich führt. Noch sterbend erflehen sie Gnaden für die christlichen Nachfahren und heilen dann darüber hinaus mit Öl aus ihren alten Knöchelchen manches widerliche leibliche Gebrechen.

Noch bevor Liebesromane erfunden wurden und die Schmonzetten unser TV-Programm infizierten, haben Geschichten wie die Legende der Katharina unsere Vorfahren zu Tränen der Rührung gebracht. Vielleicht haben sie es so noch nicht sagen können, aber gedacht haben sie es bestimmt: Nä, watt ham wir doch für ne schöne Relijon!

ST. KATHARINA

4. Dezember

Barbara

Freikarte für den Eintritt in das Paradies

Das in einer Handschrift des Jahres 411/412 erhaltene „Martyrologium Syriacum“, das Verzeichnis der orientalischen Märtyrer, kennt weder Barbara noch ihr Martyrium. Auch das nach 520 in Oberitalien aus alten Quellen entstandene, etwa sechstausend Namen umfassende Märtyrerverzeichnis der gesamten Kirche, das „Martyrologium Hieronymianum“, weiß nicht um sie. Ebenso fehlt in dem „Martyrologium Bedae“ aus dem Anfang des 8. Jahrhunderts ihr Name; aber das ungefähr aus der gleichen Zeit stammende „Martyrologium Romanum parvum oder vetus“ berichtet über sie.

Erst der in der zweiten Hälfte des 10. Jahrhunderts lebende byzantinische Hagiograf Symeon Metaphrastes stellt in seiner Legendensammlung als Erster eine abgeschlossene Barbaralegende vor. Zeit und Ort ihres Martyriums werden in den Märtyrerverzeichnissen und Heiligenlegenden verschieden angegeben: entweder 235 unter Maximinus Thrax (235 – 238) in Nikomedien (heute Izmet) oder 306 unter Galerius (293 – 305 Mitkaiser, 305 – 311 Augustus) in Heliopolis (heute Baalbek im Libanon). Übereinstimmend berichten die Legenden, Barbaras Vater habe seine Tochter, weil sie sich habe taufen lassen, angezeigt. Sie blieb trotz der Folter standhaft. Deshalb habe der Vater selbst seine Tochter enthauptet. Zur Strafe dafür sei er noch am Hinrichtungsort von einem Blitz erschlagen worden.

Historisch Gesichertes wissen wir von der heiligen Barbara nichts, außer dem, was die Legende ab dem 8. Jahrhundert berichtet. Der Gedenktag der heiligen Barbara wird am 4. Dezember begangen. Über Byzanz gelangt die Legende nach 700 nach Italien, von wo aus um 1000, als die Türken Kleinasien überrennen, die Reliquien „in Sicherheit" gebracht werden. Die Reliquien gelangen in das Kloster S. Giovanni Evangelista in Torcello. Die Goldene Legende, die „Legenda aurea", erwähnt im 13. und 14. Jahrhundert die heilige Barbara noch nicht. In liturgischen Heiligenkalendern ist sie aber schon nachweisbar. Wohl erst im 15. oder 16. Jahrhundert wurde die „Legenda aurea" um die heilige Barbara ergänzt. Das ist auch der Zeitpunkt, wo sie in der Volksfrömmigkeit den „heiligen" Daniel, den Propheten Daniel, ergänzt, der bis dahin Patron der Bergleute war, weil er nach den Heiligen Schrift in der „Löwengrube" (= Tagebau) gesessen hatte (Dan 6, 2–29). Seit dem 14. Jahrhundert wurden die Bergbaugebiete in Sachsen, Schlesien und Böhmen besondere Kultlandschaften der heiligen Barbara; die Verehrung in den Alpen, mit Ausnahme von Tirol, stammt überwiegend aus der Gegenreformation des 17. und 18. Jahrhunderts. Im Ruhrgebiet fand die Barbaraverehrung Einzug mit den Bergarbeitern im neu eröffneten Bergbau. Die dritte Bergbaupatronin ist übrigens die heilige Anna, deren Kult vor allem noch in Schlesien lebendig ist.

DIE LEGENDE ZEICHNET EINEN VATER-TOCHTER-GLAUBENSKONFLIKT AUF. ES GEHT UM DAS CHRISTSEIN UND DAS LEBEN IN JUNGFRÄULICHKEIT.

Die Legende zeichnet einen Vater-Tochter-Glaubenskonflikt auf. Es geht um das Christsein und das Leben in Jungfräulichkeit. Der schönen Barbara ließ ihr Vater Dioskuros alles angedeihen, was ein wohlhabender Kaufmann seinem Kind bieten konnte: ein schönes Zuhause, eine gute Ausbildung und die Erfüllung vieler Wünsche. Dies alles unternahm der heidnische Vater, damit seine Tochter nicht Christin wurde oder sich zu einer Heirat verleiten ließ,

St. Barbara

die gegen seine Absicht war. So durfte das Mädchen in einem Turm ihre Wohnung einrichten. Sie wurde von guten Lehrern unterrichtet. Von einem Lehrer, einem angeblichen Freund des bekannten Schriftstellers Origines († 254), erfuhr sie vom Christentum und ließ sich taufen. Um einen eigenen Betraum zu haben, der auch Treffpunkt für andere Christen sein sollte, erbat Barbara von ihrem Vater die Einrichtung eines Badezimmers. Auch diesen Wunsch erfüllte der Vater. Barbara ließ zu den beiden Badezimmerfenstern ein drittes fügen – als Lob des dreifaltigen Gottes.

Als ein junger Mann die Hand seiner Tochter begehrte, war Dioskuros nicht abgeneigt, weil derjenige von gleichem Stand und Vermögen war. Barbara aber war wenig geneigt und der Vater bedrängte sie nicht, weil er eine weite Reise unternehmen musste und auf Zeit setzte. Aber als er, wieder zurückgekehrt, seinen alten Plan verfolgte, eröffnete ihm Barbara, dass sie nicht daran denke, einen Heiden zu ehelichen, weil sie Christin sei. Ihr Vater reagierte jähzornig und unerbittlich: Vor die Wahl gestellt, den heidnischen Kandidaten zu heiraten oder grausam bestraft zu werden, floh sie vor dem Vater, der sie mit gezücktem Schwert verfolgte.

Vor die Wahl gestellt, den heidnischen Kandidaten zu heiraten oder grausam bestraft zu werden, floh sie vor dem Vater, der sie mit gezücktem Schwert verfolgte.

Auf der Flucht öffneten sich Barbara die Felsen und bargen sie. Ein Hirt hatte dies beobachtet und verriet sie an ihren Vater, der sie nach Hause schleppte und schwer misshandelte. – Einige Legenden erzählen genüsslich, der Verräter sei in einen Stein oder Mistkäfer, seine Schafe aber in Heuschrecken oder Käfer verwandelt worden. –

Als alle seine Torturen nichts halfen, brachte der Vater Barbara vor den Landpfleger Martian, der sie nach Reichsrecht aburteilen – also wegen Hochverrats zum Tode bestimmen sollte. Als sämtliche

Schmeicheleien Martians nicht halfen, ließ er sie derart durchprügeln, dass Barbaras Haut nur noch aus rohem Fleisch bestand und niemand mehr glaubte, sie werde die Nacht im Verließ überstehen. Aber, so er-

St. Barbara

zählt die Legende, ein Engel des Herrn oder Christus in eigener Person, heilte in der Nacht alle ihre Wunden und versprach ihr Beistand bei sämtlichen noch zu erwartenden Qualen. Gott wollte Martian und Dioskuros durch sein Wunder bekehren. Martian aber schrieb die unerklärliche Heilung den Göttern zu. Barbara hielt ihm entgegen: „Nein, nein! Holz und Steine, aus dem deine Götter gefertigt sind, können das nicht. Dies ist ein Werk des Herrn des Himmels und der Erde, den ich als den einzigen wahren Gott anerkenne, für dessen Ehre ich zu sterben bereit bin." Erneut wurde Barbara schwer misshandelt. Doch sie blieb standhaft und betete: „Deine Hand, o Herr verlasse mich nicht. In dir kann ich alles, ohne dich vermag ich nichts." Martian verurteilte Barbara zum Tode durch Enthauptung.

Dioskuros, der alle Qualen seiner Tochter mit angesehen hatte, erbat vom Landpfleger die zweifelhafte Gnade, die Rolle des Scharfrichters übernehmen zu dürfen. Unter ständiger Geißelung trieb man die nackte Barbara auf einen Hügel, wo sie hingerichtet werden sollte. Ehe Barbara ihren Kopf ihrem Henker und Vater neigte, dankte sie öffentlich für die ihr verliehene Gnade und aus den Wolken wurde sie durch eine Stimme zur ewigen Belohnung eingeladen. In späteren Zeiten fügen die Legenden ein, der Heiligen sei in diesem Moment versprochen worden, dass kein Mensch, der sie anrufe, ohne Sterbesakramente sterben werde. Ihr Vater schlug ihr den Kopf ab. Postwendend wurde der grausame Vater vom Blitz erschlagen. Dies alles soll an einem 4. Dezember geschehen sein.

DIOSKUROS, DER ALLE QUALEN SEINER TOCHTER MIT ANGESEHEN HATTE, ERBAT VOM LANDPFLEGER DIE ZWEIFELHAFTE GNADE, DIE ROLLE DES SCHARFRICHTERS ÜBERNEHMEN ZU DÜRFEN.

In Zeiten, in denen die Menschen von einem strengen Richter-Gott ausgingen, war das tägliche Gebet zur heiligen Barbara wegen der in der Legende genannten Verheißung zwingend. Es wurde ergänzt durch die tägliche Ansicht des heiligen Christopherus, das einen vor einem unvorbereiteten Tod schützen sollte. Diese besondere Rolle Barbaras erklärt auch die enorme Popularität dieser Heiligen bis in unsere Tage. Nach dem II. Vatikanischen Konzil wurde Barbara aber als historisch nicht gesicherte Heilige nicht mehr im Römischen Heiligenkalender geführt. Ihrer kulturhistorischen Bedeutung wegen wurde ihr Gedenktag jedoch in den Regionalkalender für das deutsche Sprachgebiet als nicht gebotener Gedenktag (memoria ad libitum) wieder aufgenommen.

Schon in vorchristlicher Zeit war der 4. Dezember ein besonderer Tag: Frau Holle, Bertha, Perchta, Holda und andere verzauberten Gestalten erschienen am Vortag und erschreckten die Menschen. Barbara gilt nicht nur als Patronin der Sterbenden, sondern auch der Bergleute – laut Legende öffnete sich ja während ihrer Flucht vor dem Vater ein Felsen und verbarg sie –, Artilleristen, Baumeister, Turmwächter, Feuerwehrleute, Glockengießer und Glöckner. In Basel und St. Gallen feuern die Artilleristen am 4. Dezember beim Barbaraschießen zweiundzwanzig Kanonenschüsse zu Ehren der Heiligen ab. In Niederösterreich finden in Artilleriekasernen die oft ungezügelten Barbarataufen für junge Offiziere statt. Barbara-Essen veranstalten die ehemaligen Artilleristen. Die Bergleute begingen früher den 4. Dezember als Feiertag mit Hochamt und festlichem Mahl: Bergmanns-Kapellen in Knappen-Uniformen begleiteten den Tag. In Niederösterreich tragen die Frauen beim Kirchgang Barbarazweige, die während der Messfeier geweiht werden.

In Niederösterreich tragen die Frauen beim Kirchgang Barbarazweige, die während der Messfeier geweiht werden.

Barbara bildet mit Katharina und Margareta die Gruppe der „drei heiligen Madln“ (Bauernpatroninnen) unter den Vierzehn Nothelfern. Ergänzt um die heilige Dorothea bilden die vier Frauenheiligen die Quattuor Virgines Capitales, also die vier besonders heiligen

Jungfrauen. Die mittelalterliche Verehrung belegen Barbaraspiele ebenso wie weit verbreitete künstlerische Darstellungen meist mit Turm und Kelch, aber auch mit Hammer, Fackel, Schwert als Marterinstrumente, später auch mit Bergmannswerkzeugen und sogar mit Kanonenkugeln. Im Burgenland ist die Tellersaat des Barbara-Weizens als „winterliches Grün“ bekannt, andernorts nennt man es Adonisgärtlein. Man streut Weizen- oder Gerstenkörner auf einen flachen Teller, begießt sie mit Wasser und stellt das Ganze an einem geschützten Ort warm. Zu Weihnachten ist die Saat aufgegangen und bildet einen dichten grünen Busch, in den man als Hinweis auf das „Licht der Welt“, eben Christus, eine Kerze stellt. Bis heute werden am Barbaratag von Obstbäumen Zweige geschnitten und ins Wasser gestellt. Sie sollen zu Weihnachten blühen und den Glanz verdeutlichen, den die Geburt des Erlösers in die Nacht der Sünde gebracht hat. Verwendet werden vor allem: Weichsel, Apfel, Birne, Pflaume, Flieder, Linde – heute nimmt man auch Äste von Mandelbäumchen, Forsythie, Jasmin, Weide und Rosskastanie. In den Alpen nennt man die Barbarazweige „Barbarabaum“. In Niederösterreich erhielt früher jedes Familienmitglied einen eigenen Zweig, um daraus sein Glück ableiten zu können. Beim Schneiden der Zweige sollten bestimmte Regeln eingehalten werden. In Böhmen durfte man nur mit dem Hemd bekleidet und mit vom Baum abgewandtem Gesicht schneiden – was sicher nicht ganz einfach gewesen sein kann –, andernorts nur während des Vesperläutens. Am Barbaratag umwand man früher die Obstbäume mit Stroh, weil man sich von diesem Brauch reichlichen Fruchtsegen erhoffte. Das Strohband sollte die Bäume vor dunklem Zauber bewahren.

Bis heute werden am Barbaratag von Obstbäumen Zweige geschnitten und ins Wasser gestellt. Sie sollen zu Weihnachten blühen und den Glanz verdeutlichen, den die Geburt des Erlösers in die Nacht der Sünde gebracht hat.

Dem Mittelalter und vergangenen Jahrhunderten war die Verheißung der Legende wichtiger als ihre historisch belegten Fakten: Wer die heilige Barbara anruft, wird nicht ohne Empfang der Sterbesakramente sterben. Die heilige Barbara wurde zur Garantie für den Eintritt in das himmlische Paradies. Zusätzlich war für die Bergleute wichtig, dass der Heiligen sich die Felsen öffneten, durch ihre Fürsprache also die gefährliche Arbeit unter Tage unter dem Schutz der Heiligen geschah.

Wir haben uns so sehr an den Namen der Heiligen gewöhnt, dass wir die alte Bedeutung ihres Namens kaum mehr erkennen. Barbára, das ist nicht bloß die „Fremde", sondern eher „die wilde, ungebildete Andere". Der Name scheint genauso erfunden zu sein wie die Biografie und ihre Ereignisse. Die Heilige wird gekennzeichnet als eine Andersartige, nicht Eingegliederte, die auf die Menschen fremd wirkte. Sie wird, wie die Legende ja klar machen möchte, als eine in ihrer damaligen Gesellschaft Geächtete gezeigt.

Wer die heilige Barbara anruft, wird nicht ohne Empfang der Sterbesakramente sterben. Die heilige Barbara wurde zur Garantie für den Eintritt in das himmlische Paradies.

Eine zweite Wahrheit der Legende der heiligen Barbara verdeutlicht der Turm. Er ist das „Rückzugsgebiet" der Heiligen, gibt ihr Sicherheit. Sie möchte durch die Fenster im Turm ihre Weltsicht verdeutlichen. Es ist ihr nicht egal, wie sie in die Welt hinaussieht. Es ist ihr auch nicht egal, wie sie von der Welt gesehen wird. Der Turm ist in der Antike und im Mittelalter das befestigte Haus des Adels, der eben nicht ohne Grund zu der Anrede „Hochwohlgeboren" gekommen ist. Den Kern der Burgen bilden die Burgtürme, die Bergfriede; in Italien sind die Adelstürme der städtischen Adelsresidenzen noch heute eine Attraktion. Wer auf den Zinnen des Turmes steht, hat den Überblick, kann unbeholfenen Angriffen leicht trotzen. Zusätzlich ist der Turm ein Bild für die – heute nicht hoch im Kurs stehende – Jungfräulichkeit, die die heilige Barbara nicht aufgeben will. Allgemeiner ist der Turm der Hinweis auf die Standfestigkeit.

Und Barbara ist Lichtbringerin. Sie ist es zweifach. Indem sie mahnt, sich des immer gegenwärtigen Todes bewusst zu sein und – wie die klugen Jungfrauen im Neuen Testament – wachsam zu bleiben, sensibel für das eigene Versagen, einsichtig für die eigene Schuld, leuchtet sie allen auf dem rechten Weg in den Himmel. In ihr spiegelt sich das Licht der Christusnähe. Eben dies drücken die Barbarazweige aus, in denen die Heilige gleichfalls zur Lichtbringerin wird. Was am Barbaratag als Zweige wie tot aussieht, wird in der Heiligen Nacht blühen und das Leben in seiner Fülle zeigen. In den Blüten leuchtet das Leben entgegen. In der längsten Nacht des Jahres wird der Sieg des Lichtes angekündigt.

In den Blüten leuchtet das Leben entgegen. In der längsten Nacht des Jahres wird der Sieg des Lichtes angekündigt.

Mag Barbara auch mit allem Drum und Dran Jahrhunderte nach ihrem vermeintlichen Leben erfunden worden sein, mag es – wieder einmal – primär um Jungfräulichkeit und Glaubenstreue, gepaart mit Todesmut gehen, die Volksfrömmigkeit hat in der Legende andere „Wahrheiten“ entdeckt: Anstelle fehlender Lebensversicherungen, die sich ja auch heute nur auf das Diesseits beziehen, bot das tägliche Gebet zur heiligen Barbara eine Freikarte für den Himmel; und Bergleute, die ja täglich ihr „Totenhemd“ überstreifen, durften sicher sein, dass die guten Erfahrungen, die Barbara mit den Felsen gemacht hatte, auch ihnen unter der Erde Schutz bot.

13. Dezember

Lucia

Mit Durchblick, auch wenn sie ihre Augen auf einem Tablett trug

Die Figur der heiligen Märtyrerin Lucia fußt vielleicht auf einer historisch-realen Märtyrerin. Ob die jedoch Lucia geheißen hat oder ob sie gar die in der Legende belegte Biografie ihr eigen nennen würde, ist höchst zweifelhaft.

Aber von vorne: In Siracusa will man ihr Grab und in der Katakombe San Giovanni in Siracusa 1894 eine Grabinschrift (um 400) gefunden haben, die Lucias frühe Verehrung belegt. Um 600 gab es in Syrakus und in Rom jeweils ein Lucia-Kloster. Das aber ist – historisch und naturwissenschaftlich gesehen – auch schon alles. Der Rest ist Legende.

Ihren Anfang nimmt die Legende im 5. oder 6. Jahrhundert; sie wurde im Laufe der Zeit durch Wundererzählungen reich ausgeschmückt. Lucia ist danach die Tochter eines wohlhabenden römischen Bürgers von Syrakus. Ihr Vater stirbt früh. Ihre Mutter will Lucia verheiraten; die aber hatte Jungfräulichkeit gelobt und schob deshalb eine Bindung hinaus. Bei einer gemeinsamen Wallfahrt der beiden Frauen zum Grab der heiligen Agatha von Catania und dem Gebet am Grab wird die Mutter von ihrem Leiden, dem Blutfluss, geheilt. Eutychia, so der Name der Mutter, akzeptiert das Gelübde ihrer Tochter Lucia. Die heilige Agatha aber hatte Lucia ein ähnliches Schicksal wie das ihre inclusive einem Martyrium vorausgesagt.

Zurückgekehrt macht Lucia in Wohltätigkeit, gründet eine Armen- und Krankenstation, eine Arbeit, bei der ihre Mutter sie unterstützt. Andere Legenden erzählen, Lucia habe auch die Christen in ihren Verstecken besucht und versorgt. Um dabei die Hände fürs Tragen frei zu haben, hätte sie sich einen Lichterkranz mit Kerzen auf das Haupt gesetzt, um im Dunkeln ihren Weg zu finden.

Der abgewiesene Bräutigam reagiert nicht nur sauer, der Fiesling zeigt sie bei der Obrigkeit als Christin an, wohl weil er vergeblich auf das Vermögen spekuliert hatte, das er ja mitgeheiratet hätte, das ihm aber nun durch die Lappen gegangen war. Angesichts der noch laufenden Christenverfolgung unter Kaiser Diokletian (284 – 305) war das keine Petitesse, sondern der Anfang eines Finales. Der Richter Paschasius, echt Mann, wollte sie in ein Bordell bringen lassen – wohl eine unausrottbare Männerfantasie, wie man mit Jungfrauen umzugehen hat. Natürlich weigerte sich Lucia. Auch eintausend Ochsengespanne und eintausend Männer können sie nicht hinfortbewegen. Selbst Zauberer konnten sie nicht von der Stelle rühren. Und weil Paschasius glaubte, die vermeintliche Zaubermacht Lucias durch das Übergießen mit Harn brechen zu können, ließ er sie mit Harn überschütten. Als auch das nichts half, befahl er ein großes Feuer um sie herum anzulegen und Pech und heißes Öl über sie zu gießen. Und weil auch diese Foltermethode ins Leere ging, stachen ihr die Folterknechte mit einem Schwert in den Hals.

DER RICHTER PASCHASIUS, ECHT MANN, WOLLTE SIE IN EIN BORDELL BRINGEN LASSEN – WOHL EINE UNAUSROTTBARE MÄNNERFANTASIE, WIE MAN MIT JUNGFRAUEN UMZUGEHEN HAT.

Lucia verlor dennoch nicht ihre Sprache und sagte: „Ich verkündige euch, dass der Kirche der Frieden zurückgegeben worden ist, da Maximian heute gestorben und Diokletian aus seiner Herrschaft vertrieben worden ist; und wie meine Schwester Agatha der Stadt Ca-

St. Lucia

tania Patronin ist, so wurde mir gewährt, Fürbitterin für Syrakus zu sein." Noch während Lucia sprach, so fantasiert die Legende, holten Abgesandte aus Rom den Richter Paschasius ab und führten ihn nach Rom vor den Kaiser (Welchen bitte sehr? Wie zuvor behauptet, war einer tot, der andere abgesetzt!), wo ihm der Prozess gemacht wurde, weil er die ganze Provinz ausgeraubt hatte. Seiner Tat überführt, richtete man ihn hin.

EINE ANDERE LEGENDE WILL WISSEN, MAN HABE DER HEILIGEN LUCIA AUCH DIE AUGEN AUSGESTOCHEN, DIE SIE DANN IHREM VERLOBTEN AUF EINEM TABLETT HABE ZUSTELLEN LASSEN.

Eine andere Legende will wissen, man habe der heiligen Lucia auch die Augen ausgestochen, die sie dann ihrem Verlobten auf einem Tablett habe zustellen lassen. Die Gottesmutter Maria habe ihr aber noch schönere Augen als sie sie schon gehabt hatte, gegeben. Dementsprechend wird Lucia häufig mit Augen auf einem Tablett dargestellt und gilt als Schutzheilige gegen Augenkrankheiten.

Lucia aber konnte von der Stelle, an der sie verwundet worden war, nicht weggebracht werden. Sie starb erst, als Priester kamen und ihr den Leib des Herrn reichten und alle Anwesenden mit „Amen" geantwortet hatten. An der gleichen Stelle wurde sie auch begraben und über ihrem Grab wurde eine Kirche errichtet.

Das ist schon eine umwerfend farbige Schilderung. Lucia, die starke Frau, Jungfrau um des Himmelreiches wegen, die ihr Blut vergießt, um Jungfrau zu bleiben!

Diese alte Legende verweist – abgesehen von dem Lichtkranz auf ihrem Kopf – mit keinem Wort auf die Bedeutung, die Lucia im Brauchtum gefunden hat. Der Name Lucia stammt von dem lateinischen Wort *lux* = Licht ab. Er bedeutet „das Licht", „die Leuchtende". Ob dieser Name ein Zufall ist für eine Heilige, deren Gedenktag auf dem 13. Dezember liegt? Vor der Gregorianischen Kalenderreform (1582) fiel die Wintersonnwende auf diesen Tag, der dadurch der kürzeste im Jahr war. Die leuchtende Heiligengestalt war deshalb die Verheißung, dass das Licht, nämlich Christus, die Nacht beenden werde.

Vor allem in Schweden, wo der Brauch zum Ende des 19. Jahrhunderts wieder eingeführt wurde, feiert man ein Lucienfest, das in der Tradition der Wintersonnwendfeste steht. Ein Mädchen in weißem Gewand, mit rotem Gürtel und einer Krone aus brennenden Kerzen (heute sicherheitshalber eher batteriebetriebene elektrische Kerzen) auf dem Kopf führt eine Prozession gleichartig gekleideter Mädchen an. Die – von der heiligen Lucia völlig losgelösten – Feierlichkeiten beginnen morgens in der Familie und setzen sich über den ganzen Tag – in Kindergarten, Schule und am Arbeitsplatz – fort. Der Gipfel ist die jährliche Wahl einer „Lucia".

„Da geht die Luzi ab" heißt es heutzutage umgangssprachlich, wenn zum Beispiel eine Festivität aufgrund guter Musik alle in den Bann zieht. Die Annahme, diese Redewendung leite sich vom Bezug auf den Teufel, Luzifer, ab, scheint nicht richtig zu sein. In Bayern erschien die blutrünstige Luzie mit einem blutverschmierten Messer oder einer Sichel im Rahmen des vorweihnachtlichen Brauchtums und drohte, unartigen Kindern den Bauch aufzuschneiden, um Steine darin einzunähen. Die bösen Kinder würden dann von der Luzie in den Brunnen geworfen, wo sie ertrinken mussten. „Da geht die Luzie ab" verweist auf die Dynamik dieses Ereignisses, bei dem Kinder auf eine pädagogisch kontraproduktive Weise domestiziert werden sollten.

Es bleibt anzumerken: Die Legende der Lucia, viel später als Lucia lebte, erfunden, ist eine der vielen, in der erzählt wird, wie eine junge Frau ihre Jungfernschaft mit ihrem Blut und Leben bezahlt. Dass die Syrakuser ihre Heilige zur Schutzpatronin erwählt haben, fügt die Legende gleich ein: Die Bitte (der Lucia?), Fürbitterin für Syrakus zu sein, wurde ihr gewährt. Gegen dieses „Gottesentscheid" konnte nun niemand mehr Einspruch einlegen. Ein Hundsfott, wer den alten Syrakusern Hinterlist unterstellt!

St. Stephanus

26. Dezember

Stephanus

Von einem Gesteinigten, dessen Steine heute noch essbar sind

Protomärtyrer oder Erzmärtyrer wird er genannt, weil er als der erste christliche Märtyrer überhaupt gilt. Dieser durch die Bibel belegte Diakon der Jerusalemer Urgemeinde war einer von sieben, die, „von gutem Ruf und voll Geist und Weisheit", nach der Apostelgeschichte eingesetzt wurden, um den Aposteln den Rücken für missionarische Tätigkeit freizuhalten.

Zu diesen Männern gehörte Stephanus (zu Deutsch: Kranz, Krone), „voll Kraft und Gnade", der seinem griechischen Namen nach zu jenen Juden zählte, die außerhalb des Heiligen Landes in griechischsprachigen Kulturen gelebt hatten. Er ist nun Armenpfleger und Evangelist, wohl zuständig für die Judenchristen griechischer Sprache.

Die Apostelgeschichte berichtet, wie es zu einer Gerichtsverhandlung vor dem Hohen Rat kam. Stephanus soll, so behauptet eine Gruppe hellenistischer Juden, erklärt haben, dass Jesus von Nazaret „die Stätte" (= Tempel) zerstören und die jüdischen Bräuche verändern wolle. Der Hohepriester fragt Stephanus, ob er das gesagt habe. Und Stephanus antwortet mit der ausführlichsten Rede der ganzen Apostelgeschichte (7, 1-53). Und er ist deutlich. Er nennt die Mitglieder des Hohen Rates „Halsstarrige, an Herz und Ohren Unbeschnittene, ihr widersetzt euch immerzu dem Heiligen Geist". Und, um nicht kleinlich zu sein, bezieht er gleich ihre Väter mit ein und konkretisiert: „Welchen Propheten haben eure Väter nicht verfolgt? Sie haben die getötet, die die Ankunft des Gerechten geweissagt haben, dessen Verräter und Mörder ihr jetzt geworden seid." Stephanus setzt noch ein i-Tüpfelchen drauf und wirft ihnen vor, das Gesetz zwar erhalten, aber nicht gehalten zu haben.

Dann brechen alle Dämme: „Sie knirschten mit den Zähnen." Was aber macht der Glaubensheld? Er schaut zum Himmel und berichtet, er sähe die Herrlichkeit Gottes und Jesus direkt neben ihm stehen.

Jetzt war es aus. Sie schnappten sich den Stephanus, stürmten aus dem Haus, trieben ihn aus der Stadt hinaus und steinigten ihn. Und der? Er betet: „Herr Jesus, nimm meinen Geist auf!" Dann sinkt er auf die Knie und schreit laut: „Herr, rechne ihnen diese Sünde nicht an!" und starb danach. Ein kleines Detail: Der tobende Mob legte, ehe sie die Steine warfen, die Kleidung ab, vor die Füße eines jungen Mannes mit Namen Saulus, der mit dem Mord einverstanden war. Das war der, aus dem dann später Paulus wurde.

Der erste christliche Märtyrer vertritt ein hohes Ideal, flieht nicht vor der Anklage, sondern bekennt mutig seinen Glauben und stirbt in der Gewissheit, in den Himmel einzugehen, den er schon geöffnet sieht. Dieser erste Christenmord nach dem Christusmord ist der Auftakt der Christenverfolgung in Jerusalem und Israel, aber in der Kirchengeschichte auch die Spitze der Verfolgungen in den anderen Ländern des Römischen Reiches.

Der Gedenktag des Stephanus, der 26. Dezember, fällt immer auf den zweiten Weihnachtsfeiertag. Ältere Festtermine wie der Gedenktag der Translation der Gebeine des heiligen Stephanus nach Rom (7. Mai) oder der Gedenktag der Auffindung der Gebeine des heiligen Stephanus in Jerusalem sind bei der Kalenderreform nach dem Zweiten Vatikanischen Konzil fallengelassen worden. Die Verbindung des Stephanustages mit Weihnachten hat – neben anderem weihnachtlichen Symbolgebäck – das heute „Dominosteine" genannte Gebäck hervorgebracht: Nach Meinung einiger Fachleute sollen diese Steine an jene erinnern, mit denen Stephanus gesteinigt wurde.

Dass der gesteinigte Stephanus Patron gegen Kopfschmerzen, Steinleiden und für eine gute Sterbestunde wurde, erstaunt den Menschen der Gegenwart ebenso, wie dieser Gedanke für das Mittelalter völlig naheliegend war. Mit diesen Aufgaben schien der Heilige aber nicht ausgelastet gewesen zu sein, weshalb man seine Zuständigkeit erweiterte: auf die Böttcher, Kutscher, Maurer, Steinhauer (!), Pferdeknechte, Weber, Schneider und Zimmerleute.

Statt eines Schlusswortes

Ein Gedicht des polnischen Priesters, Religionspädagogen und Lyrikers Jan Twardowski

Zum Schluss, zuhinterst am grauen Ende,
erlöse auch die Theologen,
dass sie nicht alle Kerzen aufessen
und im Dunkeln sitzen,
dass sie im Rosengarten
keine Jagden veranstalten,
das Evangelium
nicht in Pflästerchen zerschneiden,
die Schilfrohre nicht verheeren,
um Angelruten draus zu machen,
dass sie einander
nicht in den Haaren liegen
und nicht auf dem Flusspferd
Latein daher reiten
und sich nicht darüber wundern,
dass in den Himmel führt
das hilflose Gestammel des Glaubens.

(Jan Twardowski, 1915 – 2006)

Die Autoren

Prof. Dr. theol. Manfred Becker-Huberti, ist katholischer Theologe, Experte für Religiöse Volkskunde, Honorarprofessor an der Philosophisch-Theologischen Hochschule Vallendar und bis 2011 zugleich Lehrbeauftragter an der Katholischen Hochschule NRW, Abt. Köln. Er war von 1991 bis 2006 Pressesprecher des Erzbistums Köln.

Konrad Beikircher, stammt aus Südtirol und lebt seit 1965 im Rheinland. Er studiert Musikwissenschaft, Psychologie und Philosophie in Bonn und arbeitet anschließend fünfzehn Jahre als Gefängnispsychologe. Seit 1986 ist er als freier Kabarettist, Komponist, Sprecher von Hörbüchern, Moderator von Klassikkonzerten, Musiker sowie als Fernseh- und Radiomoderator tätig. Das Thema seiner Kabarettprogramme ist die rheinische Kultur, Sprache und Mentalität.